平台教育理念

寻找并成就属于自己的人生

张超◎著

PLATFORM EDUCATION PHILOSOPHY

Find and make your own life

企业管理出版社
ENTERPRISE MANAGEMENT PUBLISHING HOUSE

图书在版编目（CIP）数据

平台教育理念：寻找并成就属于自己的人生 / 张超著.
—北京：企业管理出版社，2019.4

ISBN 978-7-5164-1942-7

Ⅰ. ①平… Ⅱ. ①张… Ⅲ. ①教育理论—研究
Ⅳ. ①G40

中国版本图书馆CIP数据核字（2019）第065699号

书　　名：平台教育理念：寻找并成就属于自己的人生
作　　者：张　超
责任编辑：张　羿
书　　号：ISBN 978-7-5164-1942-7
出版发行：企业管理出版社
地　　址：北京市海淀区紫竹院南路17号　　邮编：100048
网　　址：http://www.emph.cn
电　　话：总编室（010）68701719　发行部（010）68701816　编辑部（010）68701891
电子信箱：80147@sina.com
印　　刷：北京虎彩文化传播有限公司
经　　销：新华书店
规　　格：170毫米×240毫米　16开本　14印张　150千字
版　　次：2019年4月第1版　2019年4月第1次印刷
定　　价：58.00元

前言

PREFACE

关于“平台教育理念”的思考发端于十年前。当时我的一个学生约我聊天，提出了这样一个问题：每天有那么多老师用他们自己的思想不断地教育着我们，我们会不会失去自己，会不会被老师们的思想所“奴役”呢？就是这个问题，开启了我对教育的持续性思考，也是从那时起，我开始从一个只关心“教育、教学技术问题”的一线老师，慢慢地向一个“思考教育价值与本质”的思考者前进了。经历了长时间的“阅读”“学习”和“实践”，一个被定名为“平台教育理念”的关于教育的思考慢慢地在我的脑中成型，本书的撰写就是希望能够对这一教育理念进行阐释。

无论怎样的教育理念，其核心都是人；无论怎样的教育实施，其目标都是培养更能够适应社会发展的人。人作为教育的主体，始终是教育的出发点和归宿点，只有让每一个人在其一生中都有所发展，才能促进整个民族、整个社会和整个世界的发展。“平台教育理念”就是基于“促进每一个人的人生发展”这样的思考而提出的。

从教育的角度探究，社会中的每一个人其实都既是学习者也是教育者，在大多数情况下，这两种听上去截然不同的角色是每一个人必备的“同时属性”。为了更好地成就属于每一个人自己的人生，

“平台教育理念”特别注重学习者与教育者这两种角色对于“一个人”的价值。“平台教育理念”认为，每一个人在社会生活中都首先是一个学习者，并且是“终身学习者”，每一个人都需要足够的技能与思想、充分的实力和勇气来面对不断变化的世界，显然，理性的人一般会选择最为便利的方式，即从别人处借鉴适宜的技能和思想，来增强自身的实力和勇气。这样的过程让每一个人都能通过学习在其生命的不同阶段有所斩获，从这个意义上讲，每一个人都是学习者，这样的学习切实地关乎每一个人自身的生存与发展。与此同时，作为学习者的每一个人其实也是别人的示范，也是别人的勇气来源，就这样，于他人而言，学习者的角色又转化成为教育者。也正是在这样的学习者与教育者相互依存、互相转化的动态过程中，所有人一起推动了社会的向前发展。每个人的个体智慧也都在这样的互动中不断地融入社会发展，成为社会向前发展的原动力。

“平台教育理念”希望每一个人都能做真实的自己，每一个真实的个体作为教育者集合在一起就可以给学习者创设出一个个拓展视野、增长见识的平台，在这些螺旋式上升的发展平台上，作为学习者的个体可以充分地感受教育，可以充分地“释放”自己；由于在这些平台上学习者可以得到足够多元的感受，因此学习者有足够的能力进行自我“创建”，并进行“自省”过程，最终使每一个学习者都能够成为平和、自信和不受“奴役”的个体；这样的个体将会有能力进一步选择、创新适合自我发展的平台，并在这些适宜的平台上继续发展，获得属于自我的幸福人生。如果社会中的每一个人都经历了这样的自我实现过程，那么，整个社会就会实现在群体中“同一思想意识形态基础上的多样性选择”，并以此为基础，促进社会不断进步，促使国家不断富强，促成民族不断前进，促得世界繁荣和平。

为了将以上的思考阐释清楚，本书分为三个部分：第一部分阐述“平台教育理念”的源起及其核心价值基础，第二部分描述每一个“个体的人”在“平台教育理念”中担当教育者的作用，第三部分说明每一个“个体的人”在“平台教育理念”中作为学习者的价值。

希望我能够把我对教育的所思所想写清楚，能够将“平台教育理念”这一我还在不断探索中的教育体会说明白。由于才疏学浅，有不成熟或不当之处，还请朋友们指正。

那么，咱们现在开始吧……

张超

2019.3.1

目录

CONTENTS

第一部分

“平台教育理念”的源起及其核心价值基础

对我们人生具有更大影响和价值的是，寻找能够被自己选择、让自己认可、可以持续给予我们自己生命动力的“信仰”，简单地说，这个信仰就是每一个生命发展阶段中我们自己的思想意识形态，而“平台教育理念”的核心目标就是希望通过“多”“广”“全”的教育，使得每一个人都有能力去寻找、去选择、去发现、去改造、去创新让自己信服的、可以给予自己力量的、属于自己且有益于人类进步的思想意识形态。

第一章　源起之一：人性

作为人，究竟与其他动物有什么不同呢？古往今来的先贤大哲们不约而同地将区分的焦点都集中到了“人性”上。所谓人性，简单地讲就是指人普遍所具有的心理属性，更多情况下，我们强调的人性是指那些人类所特有的、能够将人与其他动物相区别的属性。生理学研究告诉我们，在所有的已知动物中，人类大脑的某些区域是将人和动物进行区分的结构基础，这个人类大脑所特有的区域被称为“语言中枢”，它是负责控制人类思维和意识等高级活动的，是人类进行抽象思考、学习交流和语言表达的基础。正是因为有了语言中枢，才使得人类有了可以持续发展变化的自我思想意识形态，也才使得人类有了独特的人性。因此，我们可以这样理解：思想意识形态才是人性的核心。

人类的思想意识形态是可以通过教育而产生且不断发展的，从这个意义上讲，“教育启发人性”的本质就是说教育可以为个人思想意识形态的产生与发展提供动力。“平台教育理念”的源起之一就是人性，或者称为“人类所特有的思想意识形态”。在本章中，我们将就人性和思想意识形态的问题及其对于“平台教育理念”的指导价值展开讨论。

一、人性及思想意识形态的产生及发展过程

要想将人性和思想意识形态的问题说清楚，我们就不得不将思维拉回到人类原始的状态中。从现代人对于“人”的定义来说，那个时期的人类还不能算作是人类，因为当时的人们更多的还是依靠人类的动物性而生存的。

好，我们就从这样一群所谓的人们的日常生活开始吧……

在一片茫茫的草原上，远处稀疏地有一些高大的树木，近处有几座小山包，每一个小山包下都有一个不大的山洞，每个山洞里都住着一些有血缘关系的人。不同山洞的人们，由于相互的通婚而构成了一个小小的部落联合，这个部落中的人以采集和捕猎为生。每天清晨，太阳刚刚出来，男人们就开始成群结队地整理行装准备一起外出打猎了。因为不能保证每次打猎都会有所斩获，所以部落中的女人们也不得不开始忙碌起来，为了获得更多的食物，她们也结伴而行，去寻找、采摘更多的植物种子和果实，以确保部落中的所有人都能分得一些借以充饥的食物。日子一天天地过去，人们在不

断忙碌中过着半饥半饱的生活……

有一天，可能是由于精力格外旺盛，在出发打猎之前，男人们向着苍天高声呼喊了几声，结果，这一天他们捕获了大量的猎物。因为这个不经意的举动，获得了如此丰厚的回报，部落的人们都很高兴，第二天，他们按照前一天的方法，在打猎之前又对着苍天呼喊，结果这一天又获得了不少猎物。接下来，第三天、第四天……就这样，部落的人们开始接受了这种暗示性的行为，在每次出去打猎之前，他们都会照例向着苍天大声呼喊几声，以期望今天能够得到更多的食物。这样的行为代代相传（后世的人们可能都已经忘记这个仪式的最初意义了，但还是忠实地执行着这样的习惯），就这样，形成了人性产生过程中的第一个里程碑——惯例（所谓惯例，我们认为就是被某一民族认为有利的行为模式）。

部落生活中因为这样的偶然和希冀，经过很长时间，会形成很多不同类型的惯例。这些惯例有些会被人们接受而长期保留，也有不少惯例经由尝试、错误及消除等自然选择后被人们放弃，那些世代沿用、长期保留下来的惯例，形成了人性产生过程中的第二个里程碑——风俗。

随着时代的进步，原始的人们慢慢地适应了环境，生存和繁衍的问题已经从“生活中的唯一”退让到“生活重要组成部分之一”的地位。随着原始人类生活的不断丰富，人们逐步将一些与生活息息相关和族群发展不可或缺的风俗，进一步固定、丰富、演化，使之成为维系族群社会稳定发展的重要基础。这些重要的、经过发展的风俗，就形成了人性产生过程中的第三个里程碑——伦理。

原始社会中并没有成文法，凡人类居住的场所全靠不可缺少的风俗与伦理来维系，并带给社会秩序以安定与连续性。随着时间的渐进，风俗因长久反复地沿用而变为人们的第二天性。如果触犯了它，就会给人们带来某些恐惧、不安与羞耻。这就是良心或伦理意识的起源，也就是达尔文认为的人与动物最大的区别所在。在其发展到较高的阶段时，良心就成为社会的良知——个人具有属于团体的感觉以及对社会应有的忠诚与体念。伦理是个人与团体以及每个团体与其他团体应有的协调合作之道。良心和伦理意识是人性的起点，也是形成思想意识形态的出发点。也就是说，思想意识形态的建立是一种集体意识传承性的建立，在这个建立过程中既需要传统的继承，也需要现实的创新，因为思想意识形态不但具有维持现实世界稳定的功能，还具有指导和影响世界后续发展的作用，就像民族主义思想意识形态，自从 18 世纪建立至今，就一直不间断地影响着整个世界的发展。

我们认为，从伦理意识和良心形成那一刻开始，人类就产生了“有意识关注自身发展”的人性，这种人性是从生产生活中经过漫长的时间不断积累发展而来的，反过来，这样的人性还会在后续的生产生活中被不断地继承，并且加以创新和发展，进而形成能够指导人类生存和发展的思想意识形态。也就是说，从伦理意识和良心形成的那一刻开始，原始人类才成为真正具有人性的人类，真正具有人性的人类在获得人性的同时，也就形成了可以指导人类生存、发展的思想意识形态。

思想意识形态的发展与社会经济的发展密不可分，在原始未开化的时代，人的思想意识形态的关注点更多地指向动物性的欲求满足，在肚子还吃不饱的情况下，很难想象会有更多人性化的思想意识形态产生。但随着社会经济的发展，人类开始有足够的物质财富和休闲时间来考虑关乎自身发展的事情，也就是说人类不再把全部精力都投入到温饱问题上的时候，人性化的思想意识形态开始在良心和伦理意识的基础上萌发、生成，人们开始有时间和能力探索关于宇宙、逻辑、人性等终极问题，神学、哲学、科学等由此孕育而生。

想要把人性和思想意识形态的问题了解清楚，我们就不得不关注一下有关神学、哲学和科学的问题，因为这一切学问都是以人性和思想意识形态作为起点而发展起来的，并且对于这一切学问全面的继承、学习、研究、创新和发展过程又是促使人性和思想意识形态不断前进的重要手段，可以这样讲，人性和思想意识形态与神学、哲学、科学就像你中有我我中有你的双胞胎，它们相互依存、相互促进、共同发展，也正是由于它们的发展才使得人类不断地向前演进。而我们提出的“平台教育理念”就是希望通过适宜的方法，让每一个人都能够通过不断发展的平台，全面地学习有关人类发展的一切学问，以使每一个人都有足够的自信和能力认识、选择、发展“自我的思想意识形态”。

神学、宗教对人类思想意识形态发展的影响

这里之所以想首先从神学和宗教的角度分析人类思想意识形态的发展，原因在于，在人类文明的发展历史上，神学和宗教确实对人类的思想意识形态起到了至关重要的影响，虽然近现代人类思想意识形态的前进更多地依赖于哲学和科学的发展，但在人类初始阶段，神学和宗教对于人类理性的启迪是不可或缺的。

提到神学，很多人自然地就会想到宗教，其实神学与宗教虽然有着很多联系，但就其本质而言，却有着很大的不同。简单地理解，神学是一种关乎一些“终极问题”（如死亡问题、宇宙问题等）的思考；宗教则是基于神学的一种便于操作的、仪式化的实操过程。如果用一句话来描述神学和宗教，我认为可以这样说：它是一门起源于最深奥问题的探索，而落实于最直接解决过程的学问。

本书并不想就神学和宗教本身做过多的论述，而仅仅是想告诉读者，想要了解人类思想意识形态的发展，神学、宗教是一个非常重要的角度。基于以上的认识，简单说一说我个人对于神学、宗教之于人类思想意识形态发展的理解。

从人类产生以来，人们在追求物质生存的同时，始终没有忘记对思想和精神发展的思考。无论是万灵论的原始阶段（思想和精神的思考是为物质生存提供帮助，或者称作是为了物质生存的需要而进行思想和精神的思考），还是多神论的发展阶段（思想和精神的思考逐渐与物质生存的需要分离开来），抑或是一神论的完善阶段（在

物质生存得到基本保障的情况下，重点思考思想和精神发展层面的问题），人们不断地就自身思想和精神的发展进行深入探索，最终抽丝剥茧，达到了将重点放在关注自身思想和精神思考的境界。

在思想和精神思考的境界中，无论是哲学、科学还是不同历史时期发展起来的神学（万灵论、多神信仰、一神宗教），归根结底都是人们在思想和精神中进行深入思考而产生的信仰结果。

由于科学技术的发展，再加上人类理性的进步，在近现代，神学和宗教中的一些虚幻、愚昧的东西逐渐被人们所抛弃，人类开始有意识地运用自身的力量，自由地对终极问题进行探究和求索，虽然我们现在有时还会使用“神”这个概念，但这个“神”已经变得越来越理性，越来越属于我们自己。

哲学与人类思想意识形态发展的联系

如果说人性和思想意识形态的发展萌发出了宗教与神学，并通过“寄托”的方式解决了人类思想领域中的一些“终极问题”，那么，哲学的产生则是人类希冀通过自己的探索，用自己的力量理解世界的本源，进而不断探究各种终极问题的过程。因此，我对哲学的理解是这样的：哲学是在既有思想意识形态基础上的进一步探求、追问、思考和发展。哲学来自于思考，对于终极问题的思考，并争取找到“自己满意”的答案。学习哲学的最大价值，就是站在巨人的肩膀上拓展自己的视野，或让自己借鉴到别人的思想，或让自己运用别人的素材发酵出“自己满意”的新答案！

为了将问题说得更加透彻，下面我们有必要较为深入地谈一谈关于哲学的话题。

哲学，从研究对象的角度进行考虑，其主要关注三个问题：其一，“根源”问题。宇宙、世界、人，一切的一切的根源是什么？即形而上学、宇宙论问题。只有理解了这个问题，才有机会和信心理解其他问题。其二，获得“根源”答案的方法。人如何才能知道“根源”问题的答案呢？即知识论、逻辑学问题。只有运用所谓合理和理性的方法，才有机会和信心理解“根源”，进而理解其他问题。其三，人的问题。人作为我们自认为的万物之首到底是什么？应该怎么过？关于人的问题的研究，可以从生理学、心理学的角度进行思考（从个体的角度理解），也可以从伦理学、政治学的角度进行探索（从群体的角度理解），但无论哪个角度，人的问题才是哲学中最难、最核心的问题！

从人类思想发展历史的角度来看哲学的发展，其大体经历了四个阶段。阶段一：人类历史发展过程中，在有能力进行哲学思考之前，将自己的意识形态诉诸宗教（前轴心时代，在本章前面已进行过简单论述）；阶段二：随着人类的进步，人们开始运用自己的理性，发展属于自己的哲学（轴心时代的思想家们创立了哲学基本体系，包括宇宙论、人生论、知识论）；阶段三：由于人们很难运用自身的理性解决所有问题，因此，在轴心时代之后直至贯穿整个中世纪，人们都在试图用人类的理性去证明宗教和神学的意志，并将着力点放在了"对形而上学问题的探索"上；阶段四：随着思想意识的提高，人们发现人类很难运用理智解决意志问题，因此开始将哲学与神学分离，运用自己的理性、怀疑和反叛意识，将人类从对神的思考拉回到对人、对世界的思考上，近代哲学即肇始于此。在近代哲学中，人类的思想意识形态之所以有了很大进步，就源自于人类更加"务实"，同时，也使用了更加"务实"的思考方法。总的来看，近代哲学的着力点放在了"获得'根源'答案的方法，即知识论"上，人类综合了亚里士多德的演绎法，又补充了培根、穆勒的归纳法，还加上了更为现代的新方法（当代数理逻辑家对传统逻辑的背离），从而使得人类有了飞快的进步。

基于以上两个角度的认识，再结合我个人对于哲学发展的理解，让我的脑海中突然呈现出一个大胆的预测：在未来，哲学的下一次大发展应该会把研究的关注点再次集中到信仰和意志上，在这个探索过程中会运用已有的方法，或者发展出更为有效的方法进行研究，并最终将着力点回归到"人的问题"上，从而促使整个哲学界迎来一次更为惊喜的发展过程。

哲学的发展势必会促进人类社会各个层次、各个领域的发展，其中包括人性和思想意识形态本身，也包括文化、教育等方方面面，因此，从历史的角度对哲学发展过程做一番梳理对于现在的我们来说极具借鉴价值。"人的问题"的思考与探寻，千百年来始终是中国思想史发展的基础；"人的问题"从教育角度的探索，也正是"平台教育理念"所探讨的核心，因此，站在中国未来发展的角度思考对人的发展有价值的教育理念，就有必要沿着中国的哲学和文化发展脉络做一番追根溯源。

思想意识形态是一个民族的灵魂，看似虚无缥缈，实则民族前进的方向全是受其指导。想要将中国几千年来的思想意识形态发展过程详述清晰，自谓实无此能力，因此我只是试着将历史长河中中国思想意识形态转变的大略，及其和整个哲学、文化的关系做一个梳理。这里借用吕思勉先生的观点，将中国思想意识形态的发展分为三个时期：（1）自上古至汉魏之际；（2）自佛学输入至清（其中又分为佛学时期和理学时期）；（3）自西学输入以后。

我们先来看看自上古至汉魏之际这个阶段。保障人们自我生存、发展的知识和技能是在生产和生活中不断学习得来的。远古时代，人们对于世界与人生的理解和思考基本来源于“崇拜”（从多神的崇拜发展到一个未知神的崇拜），长期以来，我们所崇拜的一个“未知神”谓之“天”，认为是因为它的存在，才使这片土地上的人们五谷丰登，不愁吃穿。由于对天的敬畏，促使人们开始研究天的规律，希望能提早获得天的指示，数术之法随之孕育而生。随着经验的不断积累和提升，人们的知识也不断地积累升华，从而出现了一群知识丰富、文化水平高的人，这群人有足够的能力对社会生活的各个领域进行进一步的探索和思考，通过对社会生产生活知识的进一步积累、探讨和对世界、宇宙、人生等层面理解的加深，这群人成为社会分工中各个领域的专门人才，这些人一般会集中在一起，专门为当时新兴的贵族阶层服务，当然，其中的一部分人也会依靠自己的知识和技能跻身于贵族阶层，并将这些知识、技能和思想在贵族阶层内部一代一代地传承和发展下去（在当时，这些知识、技能和思想基本被贵族阶层所垄断，普通人民很难有机会接触到）。根据这群人所拥有的知识技能，我们可以简单地将其分为两个部分——儒（即文人，具有各种文化知识的人）和侠（即武士，具有武力、善于打仗的人）。贵族阶层统辖着他们的土地和人民，快乐地生活在他们固有的土地上，一代、一代……很幸福。不过，随着人的繁衍、社会的发展、人们欲望的增加，这种局面终于被打破了，人们开始相互征伐，很多原有的贵族和知识分子流入民间，自然地他们所带有的高超的知识技能也流入了民间，中国哲学和文化的子学时代开始了（也称为先秦子学时代）。

先秦子学时代，流入民间的贵族知识分子为了自己的生存，开始运用自身的文化知识进行谋生。孔子是第一个将原来只讲授给贵族的知识讲给平民的人，并且是“有教无类”。他自选教材，因材施教，培养出了很多优秀的学生，不但如此，他还将他的思想放入所选的教材中，给学生以启发，并将自己的思想在“人生论”层面进行系统化，成为中国第一个有典可查的哲学家。按照冯友兰先生的观点，孔子在作为贵族时原本应是知识、礼乐方面的专家，流落民间以后就把自己的专长教给广大民众，并在思想上使自己所教的内容系统化。他的思想核心是“直”和“仁”，说白了就是“做自由的自己（这里的自由是指真性情），做应该做的事情（即做事要合乎道理）”。按照吕思勉先生的观点，孔子的这种思想来源于上古至西周的政治经验。孔子更多的关注点在于做人和做事上，对于形而上学的大道理关注不多，换句话说，在当时，大道理（即“天道”）可能所有人都理解得差不多，因此不需要再做系统化的阐述，所以，我们的第一个哲学家就把着力点放到了人文主义上面。

如果说孔子是流落民间的文人（儒）代表，那墨子就是流落民间的武士（侠）代表了。由于武士更多地来自较贫苦的民众阶层，所以墨子的思想与孔子截然不同。其实墨子与孔子一样，也是将自己的思想系统化了的一位大家。墨子的思想具有很明显的功利色彩，并在此基础上提出了“贵俭、兼爱、尚贤、非攻、右鬼”的思考，不但如此，墨子还具有很强的实践性，他在自己思想的指导下成立了有组织的团体来实践自己的思想，与孔子的哲学思想类似，墨子也是将思想的着力点放到了人文层面，但由于其功利主义的影响，墨子及其后学很注重知识、技术层面的研究，这就在某种程度上填补了中国哲学思想中“知识论”层面的空白。为了更好地管理组织，墨子还将形而上学的思考直接推给了神鬼，虽然在“宇宙论”层面思考不多，但对于当时而言，这种“尚鬼”的方式是最为直接有效的方法。根据吕思勉先生的观点，墨子的思想可能取法于夏朝的政治经验。

孔子和墨子作为中国早期的自由知识分子（更早的知识分子是专门为统治者贵族服务的）和思想家，虽然他们的思想有很多不同（比如孔子不功利而墨子功利），但他们的着力点不约而同地放到了“入世”上面，对于“出世”的、上位的、形而上学的内容关注不多。在当时，除了像他们一样的"入世"思想家以外，还有一批自由知识分子并不想"入世"，而更想"避祸"，这些人就是当时的隐士们，他们中间的大部分人的思想是趋利避害，以求自保，没有什么更多、更高的思考，不过其中也不乏睿智之人，老子就是代表之一。老子作为当时自由知识分子中隐士的代表，他把他的思考点放到了更为广大的"宇宙论"层面（这与隐士们"出世"的思想是分不开的），他试图揭示宇宙事物变化的规律，然后利用这个规律调整自己的行动，使事物的变化转向对自己有利的一面，从而更好地进行趋利避害的隐居。老子的思想是"道"，是"自然"。在道和自然的规律中，运用"无为"的方法，使世界变得"有为"。老子第一次提出了一个更"高位"的道，他建立了一个囊括宇宙万物的理论，这是当时其他思想家都未曾仔细想过的问题，就这一点来看，我们可以认为老子是中国哲学史上第一个有体系地思考宇宙论问题的哲学家。按照吕思勉先生的观点，老子的思想可能源于对"好侵略的社会"的反对。当然，仔细思考老子的思想，我们还是可以看到，他虽然提出了一个形而上的理论，但其最后的落脚点还是"入世"的人文主义思考，从这一点来看，孔子、墨子、老子是有着共通之处的，也正是因为他们的思想有共通之处，才使得后续的中国哲学思想和文化呈现出你中有我、我中有你的发展趋势。

孔子、墨子、老子作为当时社会思想的代表人物，他们提出了不同的思想框架（也就是我们后来说的儒家、墨家和道家的思想框架），在这些思考框架的基础上，他们的后继者们通过进一步的思考和探索将其不断完善、丰富，从而使中国的哲学和文化可以经久不衰地屹立在世界文化之林。在先秦子学时代，除了儒家、墨家、道家以外，还有农家、法家（从起源上讲，可以认为法家源于儒家的一端）、阴阳家、名家、兵家、纵横家等很多学术派别，我们谓之“百家之学”。每一家的学说都是我们民族思想宝库中闪烁的明星，但由于这些学说或只效一节之用，或随着发展逐渐融合于其他思想之中，因此这里不做分别论述，有兴趣的朋友可以参看专门的书籍进行了解。

诸家之学，并起争鸣，经过一定的发展时期之后，总是要归于统一的。统一的路线有两条，一条是淘汰无用的，而存留有用的；另一条是将诸家之说融合为一。在战国时期，诸家之说皆不行，只有法家之说，秦用它兼并了天下，可以说是顺应时务的兴，而不顺应时务的就亡了。但是时异势殊，思想是否切于实用也会随之而变。天下统一，就需要与民休息，而使民生安定，就需要兴起教化。秦始皇在“坑儒”时说：“吾前收天下书不中用者尽去之。悉召文学方术士甚众，欲以兴太平，方士欲炼以求奇药。”这里的“兴太平”是指文学士的责任，可见改正制度，兴起教化，秦始皇也是有此志向的，只不过天下初定，民心未服，不得不从事镇压；再加上秦始皇对外颇想立起一个开拓和防御的规模来，所以最后并没有腾出手来兴起教化。秦灭汉兴，“兴太平”的积极愿望暂时无从说起，当时最紧要的是与民休息，所以道家之学一时甚盛。然而道家所谓“无为而治”，是针对正常社会而言的：社会本来是正常的，统治者不要领导其变化，顺其自然就好。但在汉初之时，其社会久已变坏，一味因循，很难长久安定，因此到了武帝，儒学就兴起了。儒学的兴起是有其必然原因的，并非偶然之事，因为改正制度，兴起教化，非儒家莫能为之，由此董仲舒的今文经学登上了历史舞台。今文经学是运用阴阳家的宇宙观来解释儒学的经典，这样就使得“入世”的人文主义儒学，戴上了一顶“出世”的宇宙观帽子，这样一来，儒学就既可以给予人们精神世界的教化，又可以给出一些适应制度改进方面的建议了。儒学的兴起是由于社会形势的要求，但在当时，还有另一种社会形势是必须要关注的，那就是急需改正的经济制度。要改正社会经济制度，须平均地权，节制资本，而儒家只知道教化之义，后者之说，实在有赖于法家。当时儒家之学业已成为一种权威，欲图改革，自以托于儒家为便，就这样，儒家不得不进一步广采异家之学以自助，于是有了所谓的古文经学。至此，思想意识形态及哲学思考呈现出了由专门而趋于通学的发展态势。

然而，有效地博采众家之说而成一家之言谈何容易，虽然古文经学反对今文经学而使儒家学说与阴阳家学说分离开了，但古文经学的伪书连连，各人凭臆为说，穿凿附会，却使后儒更多地陷入了对于伪古书章句与训诂的泥潭，对思想发展方面实在贡献不大。到了汉末，又出现了所谓伪古文一派，更是专凭己意托古造书，儒学至此，再无西汉学者经世致用的气概。在这种情形下，就激起了当时有思想的人的反对，于是魏晋玄学乘机而起，成为儒佛之间的一个过渡。魏晋玄学乃是儒道两家的混合（以道学中的宇宙观解释儒学)，也可以说是儒学中注重原理的一派，与前所述拘泥事迹的一派相对立。先秦诸子的哲学都出自古代的宗教哲学，也就是说儒家的哲学原与道家无甚出入，今文经学中描述儒家原理的部分今已不存，推想应该与道家的哲学思想是无异的，如果按照这个观点来推想，魏晋玄学的兴起并非从儒家转变到道家，只是儒家自己的转变。不过此种转变和道家很为接近，所以其人多兼采道家之学。从这点推开去，我们可以想见，魏晋玄学的着力点应在原理的研究上面，并没有具体可施行的方案，所以实际上无甚功绩可见。然而经此运动之后，拘泥古文形式之弊遂除。凡言法古者，都是师其意而不是恢复其形式，泥古不通之弊就除去了，这是他们摧陷廓清的莫大功绩。玄学家最重要的观念是重道而遗迹，道即原理，迹即事物的形式。从新莽改革失败以后，彻底改变社会的组织，业已无人敢谈。解决人生问题的，遂转而求之于个人方面，加之玄学家探求原理，进而益上，其机理殊与高深玄远的哲学相近，在这一点上，印度的思想是超过中国的，佛学遂在这种情势之下兴起。

下面，我们再来看看自佛学输入至清这个阶段。佛学，最初是以宗教的资格输入中国的。但到后来，于宗教之外，别有其学术和思想意识形态方面的演进。佛教教义的高深，是无可否认的事实。其实就佛学本身而言，也有种种治国安民的理论（读《华严经》的“五十三参”可知）。又佛学所争，唯在迷悟，既悟了，一切世俗的事情仍无有不可做的，所以也不一定要出家。然而佛教既视世法皆非了义，则终必至于舍弃世事而后止，以消灭社会为解决社会之法，这绝非当时所能接受的。于是经过相当长的时间，又有反对的思想继起，就是宋学。宋学的渊源，一般推诸唐之韩愈，至周张（周敦颐、张载）出而其说始精，二程（程颐、程颢）继之而后光大，朱陆及王阳明（朱熹、陆九渊及王阳明）又继之，而其义蕴始尽。

在唐、宋之间，中国的文化是有一个转变的。截至近世受西方文化的影响以前，中国的文化可以分作两个时期：第一个时期为自上古至汉魏之际；第二个时期为自佛学输入至清。如果按照文化的发展进一步将这两个时期进行重新排列，我们可以把它看作三个阶段：第一阶段为先秦、两汉时代的诸子之学；第二阶段为魏、晋、南北朝、隋、唐时代的玄学和佛学；第三阶段为宋、元、明时代的理学。这三个阶段，恰是一个“正反合”。先秦时代的思想是注重于矫正社会的病态的，所谓“拨乱世，反之正”，这是各家通有的思想，王莽变法失败以后，大家认为此路不通，而此等议论渐趋消沉。魏、晋以后，文化乃渐转向，不向社会而向个人方面求解决。他们所讨论的不是社会的组织如何，使人生于其间能够获得乐利，可以做个好人，而是人性究竟如何，是好的还是坏的，用何法把坏人改作好人，使许多好人聚集，而好的社会得以实现。这种动机，确和佛教相契。在这一千年中，传统的儒家仅仅从事于笺疏，较有思想的人都走入玄学和佛学一路，就是其明证。但其结果却是怎样的呢？显然，从个人方面着想，所能改良的只有极小一部分，合全体而观之，依然无济于事。而其改善个人之法，推求到深刻之处，就不能不偏重于内心。功夫用在内心上的多，用在外务上的自然少了。

他们既把社会看作各个分子所构成，社会的好坏，原因在于个人的好坏，而个人的好坏，则源于其内心的好坏，如此，社会上的一切问题自然都不是根本。而他们所谓的好，实则与此世界上的生活不相容，所以他们最彻底的思想是要消灭这一个世界。明知此路不通，则又一转变而认为现在的世界就是佛国，只要心上觉悟，一切行为虽和俗人一样，也就是圣人。这么一来，社会已经是好的了，根本用不着改良。这两种见解都是和常识不相容的，都是和生活不相合的。凡是和生活不相合的，凭你说得如何天花乱坠，都只是所谓的"戏论"，总要被大多数在常识中生活的人所反对，而事情一到和大多数人的生活相矛盾，就是它的致命伤。物极必反，到唐朝佛学极盛时，此项矛盾已经开始发展了，于是有了韩愈的"辟佛"。他的议论很粗浅，不过在常识范围中批评佛说而已，而到了宋儒，才在哲学上取得一个立足点。

哲学是不常直接应用的，然而万事万物必有其总根源。总根源变化，则对于一切事情的观点及其应付的方法，俱随之而变。所以风气大转变时，哲学必随之而变更。宋儒的哲学对佛学的改变在哪里呢？那就是抹杀"认识论"不谈，而回到中国古代的"宇宙论"。中国古代的哲学是很少谈到"认识论"的，佛学却不然，所注重的全在乎此。既注重于"认识论"，而又参以宗教上的悲观，则势必至于世界为空虚而后止，此为佛教入于消极的真正原因，宋学的反佛，其最重要的就在此点。然而从"认识论"上驳掉佛说是不可能的，乃将"认识论"抹杀不谈，说佛教谈"认识论"便是错，所以宋学反佛的口号是“释氏本心，吾徒本天”。所谓本心，即佛家“万法惟识”之论；所谓本天，则是承认外界的实在性。万事万物，其间都有一个定理，此即所谓天理。所以宋学的反佛，是以唯物论反对唯心论。

宋学中自创一种宇宙观和人生观，这种新宇宙观和新人生观经过周敦颐、张载、邵雍诸家的推求可谓大致已定。二程以下，乃努力于实行的方法。如程颢的“识得此理，以诚敬存之”和“涵养须用敬，进学在致知”、朱熹的“推极吾之知识，欲其所知无不尽也”、陆九渊的“先发其本心之明”、王守仁的“知行合一”等，理学从朱熹、陆九渊再到王守仁，虽然其学说各有侧重，且理论也确有不同，但从其发展脉络来看，这个过程实在是一个辩证法的进步。以一种新文化替代一种旧文化，此新文化必已兼摄旧文化之长，此为辩证法的真理。宋学之于佛学，亦是如此。宋学兼摄佛学之长，最显著的有两点：其一为其律己之严；其二为其理论的彻底。论治必言王霸之辨，论人必言君子小人之分，都是由此而出。此等精严的理论，以之律己则可，以之论事，则不免多所窒碍。又宋学家虽反对佛教的遗弃世事，然而其修养的方法受佛教的影响太深了，如其说而行之，终不免偏于内心的修养，甚至学问亦被抛荒，事为更不必说，所以在宋代，宋学中的永嘉、永康两派，就对此而提出反对。永嘉派以叶适、陈傅良为魁首。反对宋学的疏于事功、疏于实学的考究。永康派以陈亮为魁首，对于朱熹王霸之辨，持异议颇坚，亦是偏于事功的。

宋学从11世纪中叶起，到17世纪中叶止，支配中国的思想界约600年。到了清代，颜元、李塨一派专讲实务，而反对在心上用功夫，几乎把宋学根本取消了。除了颜、李，从理论上反对宋儒的，还有戴震，其谓“宋儒主张天理人欲之辨太过，以致不顾人情，视斯民饮食男女之欲，为人生所不能无的，都以为毫无价值而不足恤，而在上者皆得据理以责其下，下情却不能上达，遂致有名分而无是非，人与人相处之道，日流于残酷”。清代的道学着力于考证之学，从本质上看，其不过是宋学的一支流派而已。清代还有所谓的纯汉学，其门径也和宋学并无区别。统观清学，实为一种方法的转变，而无宗旨上面的精进。清学在宗旨上渐能脱离宋学而自立，要到道咸时今文之学兴起以后。今学中康有为将其引上了“经世”一路，康有为的经学并不精深，然其思想却阔大而有条理。他怀抱着一种见解，借古人之说为材料而说明之：以《春秋》三世之义，说明进化的原理，而表明中国现在急需改革，以孔子托古改制之说辅之，其终极的目的则为世界大同。这恰与中国人向来怀抱的远大思想相合，又和当时急需改革的情形相应，所以其说能风靡一时。但康有为的学说仍只是当时思想意识形态转变的一个前驱，因为思想是善于变通的，物穷则变，宋明以来的文化在当时也几乎走到尽头了，即使没有西学输入，当时的思想意识形态也未必不变。

最后，自西学输入以后这一阶段。西方哲学及其思想意识形态输入以后，中国人对它的态度也是几经变化的。起初是怕采用西法而用夷变夏，于是极力加以排斥；继则变为中学为体，西学为用；

再进一步，就要打倒孔家店，指旧礼教为吃人，欢迎德谟克拉西先生、赛因斯先生，并有主张全盘西化的。其实，时至今日，我们也许还是没有完全找到（或者说探索出）一个适合我们民族现代发展的文化、思想、学术、哲学体系。欧美近代最初发达的是自然科学，因此引起整个思想意识形态的变化，进而对于一切事物的观点及其应付方法也随之而变，后来推及其他学问（包括社会科学）亦然。尤其是现代，随着自然科学的进一步发达，进入到了信息时代，全世界人信息交互交流的频率和数量很难用确切数量计算，全世界人的思想随之也融合得更加充分，而地域的阻隔，更是随着现代化交通工具的运用而变得不复存在。可以这样说，在当前，这个世界上没有哪个民族和国家能够守旧不变，或者完全效仿别族或别国的发展经验。如何发展出既具有本民族鲜明特点，又可以和世界其他民族进行交流的文化、思想路径，使我们的文明既具有传承性，又具有包容性和发展性，是目前可见时间范围内我们努力的方向。

从上述中国哲学、文化和思想意识形态发展的进程中我们不难体会到，兼容并包式的胸怀，足够宽阔的视野，以及多元思想的有效融合，对于中华民族的发展是多么的重要。诸子百家思想的有效融合创造了汉唐的盛世，而一味因循、井底之蛙式的思想固守也给中华民族带来了无数的苦痛……民族的发展有赖于多个方面综合“营养”的滋养，个人的发展自然也需要全方位、多角度的学习。“平台教育理念”就是希望为每一个人在人生发展的每个阶段都能打造一个适于阶段性思想发展的综合平台，每一个人都可以在每一个平台上得到阶段性的全面滋养，在经历一个个平台的发展后，每一个人都有足够的能力创建出适宜自己继续发展的新平台，进而创造出属于自己的辉煌人生。

科学与人类思想意识形态发展的联系

下面我们来谈一谈科学与人类思想意识形态发展的联系。从学问的角度讲，科学的价值在于探求可以探求的问题，通过探求获得答案，进而解决问题。从以上的观点看，科学可谓是一种较为合理的学问，这也可以解释为什么在近代科学成为影响世界思想意识形态的主要因素。关于科学与人类思想意识形态发展的联系，历史上有很多哲学家都做过非常经典的论述，有兴趣的朋友可以去查阅更加专业的资料进行深入的了解，在这里作者只是想从科学与人类思想意识形态发展联系的角度，简要做一些说明，以提示读者朋友们意识到科学发展对于思想意识形态发展的重要性。

就现代人类思想意识形态发展的趋势来看，我们不妨将科学当作一种特殊的思想意识形态来看待。选择这样的角度进行探讨，主要基于两点原因：第一，科学本身就是基于思想意识形态而发展起来的学问，从科学的结构与内涵的角度理解，在当今社会，科学俨然就是最为主流的思想意识形态；第二，从科学对于社会发展的作用角度，我们也能看到，科学是当前人类社会中占主导的、被强化的思想意识形态。

科学是一个复杂的体系，其中既包含实验设备、图书资料、通信网络等工具性的物质因素，又包含理论、方法、知识等精神层面的因素。以自然科学为例（我们认为，科学可以分为自然科学和社会科学），自然科学的研究对象是自然界。自然科学是人们认识自然界活动的精神成果，知识是自然科学的最基本的特征。自然科学是如实地反映自然界的面貌，把握自然事物内在本质和规律的系统化、理论化的较高层次的知识。从自然科学是以观念形态表现出来的反映自然界的知识体系来看，它属于社会精神生活范围，属于认识范畴。但它又是一种特殊的社会意识，与其他社会意识相比具有无阶级性、很强的历史继承性和相对的稳定性等特点。因此，自然科学必然是人类思想意识形态的重要组成部分，是当前一个国家、一个民族文明水平的标志。科学技术作为一种观念和知识，参与人们的精神生活，它是人们探索客观世界和人类自身的奥秘、揭示人与客观世界的关系、破除迷信解放思想的有力武器；科学作为一种特殊的认识活动，作为人创造能力的一种社会表现和运用人创造力的一个领域，是现代人类文化的重要组成部分。

从科学对社会发展作用的角度看，也可将其视为一种特殊的思想意识形态。科学本身虽然没有阶级性，但是在阶级社会里，它总是被各个阶级所利用，为一定的国家、社会、阶级服务，它总是深入地渗透在社会制度、思想文化之中，并深刻地影响着社会制度、思想文化的变革。正是在作为深刻影响社会变革的文化形式的意义上，我们可以将科学理解为一种特殊的思想意识形态。科学为支持或反对形形色色的世界观提供了重要的客观基础。每一时代的世界观都受当时科学水平的制约。古代朴素的整体有机自然观和世界观，是与古代科学的经验性、粗陋性、直观性相适应的；西方近代流行的机械论世界观也与牛顿力学的创立和广泛应用相适应。另外，科学的新理论、新观念和新方法，能为一定的社会制度提供重要准则和信念。例如达尔文的进化论于19世纪末20世纪初在中国传播后，对中国推翻封建帝制、建立新的共和体制产生了重大作用。而近代蒸汽技术与纺织技术的创新，则是欧洲广泛确立资本主义社会制度的科学基础，科学是历史上乃至今后社会制度变革的深层力量。

科学总是为一定的国家和阶级服务的。在牛顿时代，数学、物理学就曾经成为新兴资产阶级政治斗争的工具。在当代，能够掌握、运用和发展先进的科学，则反映了一个国家和民族的智慧和能力，是一个民族和国家兴旺发达、繁荣昌盛的重要标志。无论哪一个民族和国家，都想在科技发展上走在世界前列。西方资本主义国家称强世界几百年，一个重要原因就是它们首先掌握和运用了先进的科学，在经济上、军事上对其他国家形成了压倒性优势。科学作为一个国家和民族精神文明建设发展水平的标志，是属于思想意识形态范畴的，是一种特殊的社会思想意识形态。现代科学的发展给整个人类带来了足够的自信，人类第一次真正体会到“人定胜天”的真实，相信现代科学为我们带来的思想意识形态发展还会在今后比较长的一段时间内不断延续下去……

通过上面的文字，我想大家应该能够充分感受到科学与人类思想意识形态发展的紧密联系了，以目前社会的发展趋势来看，我们有理由相信，在不远的未来，科学还会有更大的发展，对于人类社会进步的促进作用也会进一步加大，科学中会出现更多新的细小分科，当然也会出现更多跨学科联系的探索，作为现代人，想要应用好科学的力量发展自身的思想意识形态，单一学科的粗浅学习显然已经不能满足今后的发展，对每一学科更加深入地学习和对于各个学科之间联系的研究将成为今后科学发展的总趋势，换句话说，未来世界将需要按照“T”字形发展的人（T字的一横，代表各学科、各方面全面发展的趋势；T字的一竖，代表在一横的基础上，发展自身的特长和优势，将某一个学科或某一方面的研究进行得更加深入。同时具备一横一竖的人，就是一个具有广博视野，具有全面知识和才能，同时又学有所长的人才），这恰恰与本书所构建的“平台教育理念”不谋而合。

二、教育在人性发展作用中的价值及“平台教育理念”的核心教育目标

人性的核心就是人类的思想意识形态，人类思想意识形态的产

生和发展绝不是单一因素影响的结果，而是由历史、地理、社会、政治、经济、学术等多方面因素共同作用的结果，思想意识形态一旦产生，将会在一个比较长的历史阶段反作用于人类社会，指导人类社会继续前行。在人类文明史中，不断出现新的思想意识形态替代老的思想意识形态的现象，每一次替代过程，都是人类社会向前迈进的过程。就思想意识形态本身而言，没有好坏之分，只有是否适应当前社会发展需要之别，适应当前社会发展的思想意识形态自然就是目前需要的，而不适应当前社会发展的思想意识形态，自然就会被淘汰掉。对于我们个人的发展而言，在我们短短的生命历程中，发现、了解在历史中曾经出现的思想意识形态，进一步寻找、理解适应当前社会条件的主流思想意识形态，甚至如果条件允许，总结、创新出能够指导未来社会发展的思想意识形态，显然是实在而必要的。

也正是因为人类具有强大的自主选择思想意识形态的能力，所以，在这个星球上，人类也是为数不多 会“自相残杀”的生物之一，甚至是整个地球上唯一会“有组织地大规模残杀自己同类”的生物（历史上“一战”“二战”的悲剧，1994 年造成 100 万人遇难的卢旺达大屠杀，都是人类思想意识形态造成的恶果），很多时候所谓的“人性”甚至比“兽性”更为恶劣。在这样的现状下，教育在人类思想意识形态的产生和选择上将会变得越来越重要，更会对未来人类社会的发展起到不可估量的作用。教育是一种有目的、有计划、有组织地对学习者心智发展进行教化培育，以现有的经验、学识推敲于人，为其解释各种现象、问题或行为，以提高实践能力的过程。其根本是以人的一种相对成熟或理性的思维来认知对待，让事物得以接近其最根本的存在，人在其中慢慢地对一种事物由感官触摸而到以认知理解的状态，并形成一种相对完善或理性的自我意识思维。但同时，人有着自我意识上的思维，又有着其自我的感官维度，所以，任何教育性的意识思维都未必能够绝对正确，而应该感性式地理解其思维的方向，只要其不偏差事物的内在；教育又是一种思维的传授，而人因为其自身的意识形态，又有着另样的思维走势，所以，教育当以最客观、最公正的意识思维教化于人，如此，人的思维才不至于过于偏差，并因思维的丰富而逐渐成熟、理性，由此走向最理性的自我和拥有最正确的思维认知，这就是教育的根本所在。简而言之，教育的价值就是为学习者建立底线并在底线的基础上提供充分的素材，促使学习者自身进行选择、整合、创新，最终建立自我认同且有益于人类进步（最起码要尊重生命、摒弃自相残杀）的思想意识形态。

从人性的角度进行思考，从思想意识形态的层次进行分析，我们不难发现，在生活中真正影响一个人生命发展的、真正能够带给我们幸福感的关键是更“深层次”的思想，换句话说，对我们人生具有更大影响和价值的是寻找能够被自己选择、让自己认可、可以持续给予我们自己生命动力的“信仰”，简单地说，这个信仰就是每一个生命发展阶段中我们自己的思想意识形态，而“平台教育理念”的核心目标就是希望通过“多”“广”“全”的教育，使得每一个人都有能力去寻找、去选择、去发现、去改造、去创新让自己信服的、可以给予自己力量的、属于自己且有益于人类进步的思想意识形态。

第二章　源起之二：人生

如第一章所述，“平台教育理念”的源起之一是对于人性的广泛思考和对于思想意识形态的深入探求。“平台教育理念”的核心教育目标也落点于：通过“多”“广”“全”的教育，使得每一个人都有能力去寻找、去选择、去发现、去改造、去创新让自己信服的、可以给予自己力量的、属于自己且有益于人类进步的思想意识形态，从而让每一个人都能拥有属于自己的美好人生。那么，以“平台”命名有何含义？什么是“多”“广”“全”的教育？如何帮助每一个人去建立“属于自己且有益于人类进步的思想意识形态”？怎样才算“属于自己的美好人生”？

要想很好地解释以上的一系列问题，我们就得从“人生”的话题说起，因为“平台教育理念”就是从关注每一个人的人生发展开始的……

一、人生就是一场在“负反馈”与“正反馈”之间跳跃的旅程

首先有必要科普一下有关“反馈”“负反馈”与“正反馈”的定义。我们通常把“负反馈”与“正反馈”统称为“反馈”，其可以被看作是一种系统内部正常调节的过程，是指系统中的一个信号通过系统本身的调节作用最终使得该信号继续运动的过程。所谓负反馈，指的是系统中的一个信号通过系统本身的调节作用最终使得该信号沿着自己的反方向运动的过程，比如，在我们人体的调节过程中就存在着很多“负反馈”的例子，某一种激素作为一个信号，当其增多时，我们的机体经常会通过一系列调节过程使其减少，当其减少的时候，我们的机体又会通过一系列调节过程使其增多，通过这样的“负反馈”调节来保障我们机体的正常平稳运行。所谓“正反馈”，则与“负反馈”相反，即系统中的一个信号通过系统本身的调节作用最终使得该信号沿着自己的原有方向继续运动直至终止的过程，比如，我们打喷嚏，一旦喷嚏这个信号开始进行，机体就会通过一系列的调节过程让喷嚏沿着自己的运动方向进行下去，直到喷嚏结束为止。我们机体上“正反馈”的例子还有排尿、分娩等。

了解了“负反馈”与“正反馈”的所指后，我们来谈一谈本章的主题——人生。从“负反馈”与“正反馈”的角度理解人生，我们会得出这样一个小结论：人生就是一场在“负反馈”与“正反馈”

之间跳跃的旅程。

不是吗？！从生理学的角度看，我们的出生源自一个“正反馈”：从子宫出来的我们必须经历一个强烈的“正反馈”过程后才能来到人间；在这个“正反馈”后，我们会通过各式各样的“负反馈”来保障我们能够在如此复杂的环境中生存下来（先贤大哲们在思考人生时经常会提到中庸，其实中庸在本质上就是典型的“负反馈”过程），太多了会通过调节少一些，太少了会通过调节多一些；太紧了会通过调节缓一些，太缓了又通过调节紧一些……这一切的“负反馈”为我们在这个世界上生存提供了必不可少的基础；但最终，当我们来到人生终点的时候，当我们直面死亡的时候，我们又会归尘于一系列“正反馈”的快乐过程，这个过程会让我们以一种超乎寻常的体验为我们的肉体人生画上一个句号。就这样，我们完成了一生从“正反馈”到“负反馈”再到“正反馈”的跳跃旅程。

生理层次的人生整体如此，那么我们平时过日子是否也有“负反馈”与“正反馈”转换跳跃的问题呢？

古今中外，凡是有人的地方就有“卜筮”“星座”“运程”……始终兴盛不衰，即使在科学技术有了很大突破的今天，这些事关个人生活的“巫术”好像还是会被时常提及，为什么呢？原因就是人世间太多事情（包括“幸”的与“不幸”的）都来得太突然，不可预知性实在太强烈了：刚刚还是晴空万里，突然间变成了电闪雷鸣；刚刚还是幸福满满，突然间变成了厄运当头；刚刚还是和美自信，突然间变成了抑郁万分；刚刚还是希冀爆棚，突然间变成了沮丧恼人……其中的所谓“幸”与“不幸”总会给我们带来无限遐思与无助。人生中的“幸”与“不幸”可以从“反馈”的角度做一些解释。在我看来，人生中的所有所谓的“幸”与“不幸”都可以被看作是一个阶段性“正反馈”的过程。日常生活中，我们总能感受到当好运及身的时候万事皆顺，但当霉运当头的时候也总是恶事连连，如果把好运与霉运的运行从“反馈”的角度进行考量的话，我们会发现无论好运还是霉运都像极了“正反馈”的运行模式，无论好运还是霉运，一旦发生，在一段时间内它们都会坚定不移地向前走，直至结束。对比而言，那些并不被我们称为“幸”与“不幸”的正常日子就可以被看作是“负反馈”过程了，平稳、有序、基础、重要而又波澜不惊。我们的小日子就是在这种“负反馈”与“正反馈”相互转换跳跃的过程中进行着的。

如果我们把“正反馈”看成一种正常状态的终结，而把“负反馈”看成一种正常状态的维持，那么，我们对于人生中“幸”与“不幸”的理解就可以变得淡化起来：所谓的“幸”与“不幸”无非是人生中从“负反馈”状态向“正反馈”状态的正常跳转，造成这样跳转的原因可能很多，但无论怎样，我们都会发现，最终当“正反馈”结束时又都会很自然地回归到“负反馈”的正常状态中，唯一的区别是“幸”的“正反馈”是乐于被人们接受的，而“不幸”的“正反馈”是不乐于被人们接受的而已。

如此想来，我们的人生之所以如此丰富多彩，其实多亏了生活中所正常经历的各种“幸”与“不幸”；我们的生活之所以如此个性斑斓，其实也是多亏了人生中所正常遇到的很多“好运”与“霉运”。这样的思考让我这个俗人变得豁达开阔起来：什么“幸”与“不幸”、什么“好运”与“霉运”，其实都是我们应该好好享受、好好珍惜的财富，带着这样的财富，我们就可以坦然地面对生命中的“正反馈”，我们就可以坦诚地看待生活中正负反馈之间的跳跃与转换；有了这样的思考和认识，我们就很容易豁达地面对自己的虚弱，我们就很容易开阔地看待自我的彷徨……

从上面的文字中，我们不难体会到人生的无常与多变；从上面的思考中，我们也不难感受到人生的多彩与斑斓。于个人而言，你的人生是怎样的其实完全取决于你对它的态度。而想要获得坦然面对人生的态度，就需要你拥有自我认同且积极的思想意识形态，因为思想意识形态作为人性的核心对于每个人的人生发展都会起到关键的指导作用。每个人的思想意识形态发展都不是一朝一夕、一蹴而就的，都需要经过一个不断学习、不断尝试、不断失败、不断努力、不断成功的过程，这个过程越丰富、越饱满，你的思想意识形态的建立也就越多元、越全面，自然你面对人生时的选择也就越多样、越开阔，你发展出的对人生的态度也就可以越适应、越平和，如此，你的人生也就越饱满、越幸福，无论境遇如何，你都可以积极面对、泰然处之。

不断学习、不断尝试、不断失败、不断努力、不断成功……这个成就你自我认同且积极的意识形态的过程，就像向上攀登一级一级的台阶一样，每上一级台阶，你就来到了一个新的平台，在每一个平台上都有属于这个平台的美妙风景，在每一个平台上的人都有属于自己的生命状态，在每一个平台上也都有属于每一个人的资源与机遇……因此，从这个意义上讲，每一个人的人生其实都是由一个个螺旋式上升的大平台组成的，我们在一个平台上学习、尝试、失败、努力、成功，然后再跳到另一个更高、更大的平台上继续学习、尝试、失败、努力、成功……就这样，我们在感受自己生命的同时，享受着自己的人生，最终成为我们自己希望成为的人，平静又信心满满、积极且勇气十足地迎接着那些人生中的“正反馈”与“负反馈”。

对人生这样的思考与认识正是我将自己的教育理念定名为“平台”的原因。我希望通过“平台教育理念”的实施，能够真正帮助每一个人形成其自我认同且有益于人类进步的、能够持续给予其人生勇气和力量的思想意识形态，并在这样的思想意识形态指引下，成就每一个人自己的人生。

二、“平台教育理念”——寻找并成就属于自己的人生

“平台教育理念”希望利用教育的实施来帮助每一个人成就其自己的人生。在教育的实施过程中，人的角色有两种，其一是教育者，

其二是学习者。所谓教育者，狭义地讲是指教育活动中的设计者、实施者、组织者，其目的在于指导、帮助、评价、矫正学习者的学习活动，而广义的教育者指的是所有的生命个体，"平台教育理念"中的教育者既有其狭义含义也包括其广义含义，但本质上讲更多的是指其广义含义。所谓学习者，狭义地讲是指教育活动中从事学习活动的人，而广义的学习者也可以指向所有的生命个体，"平台教育理念"中的学习者就是指"所有的生命个体"，即每一个人在其人生中的每时每刻都是学习者的角色。

在"平台教育理念"中，每一个人都既是学习者也是教育者，在大多数情况下，这两种听上去截然不同的角色是每一个人必备的"同时属性"。为了更好地成就属于每一个人自己的人生，"平台教育理念"特别注重学习者与教育者这两种角色对于"一个人"的价值。"平台教育理念"认为，每一个人在社会生活中都首先是一个学习者，并且是"终身学习者"，每一个人都需要足够的技能与思想、充分的实力和勇气来面对不断变化的世界，显然，理性的人一般会选择最为便利的方式，即从别人处借鉴适宜的技能和思想，来增强自身的实力和勇气。这样的过程让每一个人都能通过学习在其生命的不同阶段有所斩获，从这个意义上讲，每一个人都是学习者，这样的学习切实地关乎每一个人自身的生存与发展。与此同时，作为学习者的每一个人其实也是别人的示范，也是别人的勇气来源，就这样，于他人而言，学习者的角色又转化成为教育者。也正是在这样的学习者与教育者相互依存、互相转化的动态过程中，所有人一起推动了社会的向前发展。每个人的个体智慧也都在这样的互动中不断地融入社会发展，成为社会向前发展的原动力。

那么，如何帮助每一个人去成就属于自己的人生？怎样的人生才算是“属于自己的美好人生”呢？要想回答这些问题，我们还是从我的学生曾经问我的那个问题开始吧。我的一个学生曾经问过我这样一个问题：“每天那么多老师用他们自己的思想不断地教育我们，我们会不会失去自己，会不会被老师们的思想所‘奴役’呢？”从“平台教育理念”出发对这个问题进行思考，我有以下三个想法，算作对它的解答：其一，我认为每个人都可以看作是一个容器。容器的大小是你自己决定的，如果你的容器只能容纳一个人的思想，那么你就会被这种思想“奴役”，如果你的容器能够容纳很多很多的思想，那么每一种思想都会变成你容器中的一种素材，每一种思想对你的“奴役”作用都会被无限稀释而不可能左右到你自己。容器的大小取决于你的视野，取决于你的“释放”程度，取决于你的“自由”程度，如果你有足够的视野，有足够的“释放”，有足够的“自由”，那么你的容器就会足够大。其二，每一种可以放到你容器中的思想和事物都是外力对你的“创建”过程，所以这些素材没有好与坏、没有正面与负面之分，所有的一切都是正常的、可以被接受的材料，但这些“创建”仅仅应该成为你思考的素材，而不应该是束缚你思想的羁绊。其三，有了足够的素材后，你需要让它们在你的容器中好好地酝酿、发酵，让它们融会贯通，让它们变成你的思考，变成你的思想，然后再把这些思想的甘泉喷发出来……喷发出来的甘泉就是属于你自己的思想，喷发出来的高度代表了你思考的程度。这个酝酿、发酵、把这些素材变成自己思想的过程就是"自省"。有"自省"才能有高度，有"自省"才能让自己成为自己的主人，有"自省"才能让自己独立地获得"幸福"。在我看来，如果我们的孩子可以自由地、诚恳地生活，他们就会有足够开阔的心胸面对一切，就会有足够的胸怀容纳一切，更会有足够的空间通过"自省"获得真正属于他们自己的幸福。

"平台教育理念"希望每一个人都能做真实的自己，每一个真实的个体作为教育者集合在一起就可以给学习者创设出一个个拓展视野、增长见识的平台，在这些螺旋式上升的发展平台上，作为学习者的个体可以充分地感受教育，可以充分地"释放"自己；由于在这些平台上学习者可以得到足够多元的感受，因此学习者有足够的能力进行自我"创建"，并进行"自省"过程，最终使每一个学习者都能够成为平和、自信和不受"奴役"的个体；这样的个体将会有能力进一步选择、创新适合自我发展的平台，并在这些适宜的平台上继续发展，获得属于自我的幸福人生。如果社会中的每一个人都经历了这样的自我实现过程，那么，整个社会就会实现在群体中"同一思想意识形态基础上的多样性选择"，并以此为基础，促进社会不断进步，促使国家不断富强，促成民族不断前进，促得世界繁荣和平。

三、“平台教育理念”促进人生向着“多角度”“广视野”“全面性”的方向发展

在描述“平台教育理念”的核心教育目标时我们提到，希望通过“多”“广”“全”的教育，使得每一个人都有能力去寻找、去选择、去发现、去改造、去创新让自己信服的、可以给予自己力量的、属于自己且有益于人类进步的思想意识形态，从而让每一个人都能拥有属于自己的美好人生。这里所谓“多”“广”“全”的教育，指的就是“平台教育理念”要促进人生向着“多角度”“广视野”“全面性”的方向发展。

从前面对于“平台教育理念”的描述中，我们不难看出，“平台教育理念”简单地说，就是希望通过教育的实施，在教育者所提供平台的帮助下，使学习者接触更多的事物，了解更多的知识，而不能仅仅限制在一个狭窄的空间和领域中。通过这样的方式，让学习者能够有能力转变为自己的教育者，并为自己建立更广阔的平台，让自己的思想、思维、视野更进一步地开阔起来，最终可以自信地、多角度地思考问题，面对人生。“平台教育理念”希望促进每一个人的人生都向着“多角度”“广视野”“全面性”的方向发展。在历史的长河中放眼望去，大到世界文明的进程，小到一个人的成长，无不印证了“多角度”“广视野”“全面性”对于发展的关键影响。让我们先以希腊文明的起源、发展过程为例，用心体会一下在世界文

明发展过程中所蕴含的“平台教育理念”：从时间的角度看，希腊文明并不是我们这个星球上最古老的文明，但从对现代世界影响的角度分析，希腊文明无疑是古老文明中非常有影响力的文明之一。希腊文明的产生不是一蹴而就的，也并不像后人想象的那样毫无瑕疵，而是在不断的多元尝试、冲突与失败中艰难发展而成的。多方面、多角度的素材很重要，在希腊这片土地上，多山地与相对独立的环境使得不同的地域可以进行不同的政治、经济、思想意识形态的尝试，再借助“东方文明”的素材，促使在这片大地上发酵出一种独特的、绵醇悠长的文明。也是因为希腊文明的这种“多角度”“广视野”“全面性”的特点，才使得其虽几经劫难，却源远流长，并最终成为现代文明的重要素材。由希腊文明推开来去，我们不难发现，世界上所有古老文明的发展都经历着与希腊文明相同的路径——初期的融合与奋发，青春期的发展，高潮期的扩张，末期的冲突与毁灭，然后在冲突与毁灭中孕育出大量闪光的思想，而后进入新一轮的融合、奋发、发展、扩张、冲突与毁灭……在这样的轮盘中不断向上发展，不断以不破不立的态势发展出更新更好的思想和文化，不断在行将毁灭之际再来一次浴火重生……文明就是这样一次次地产生，一次次地发展，一次次地毁灭，一次次地继承，一次次地创新，一次次地为新的现实所用……

世界的文明是在“多角度”“广视野”“全面性”的基础上不断向前发展的，构成世界文明的每一个人也需要“多”“广”“全”的教育，才能创造属于自己的人生。让我们再从历史的长河中选择一些人，通过这些人的成长，来体会一下“平台教育理念”对于个人发展的必要性。历史上很多名人之所以为我们所知都是因为其在某一方面的贡献，比如达·芬奇为我们所知是因为其绘画的才能；张衡为我们所知是因为其在天文学上的贡献；牛顿为我们所知是因为其在物理学中的执着；莱布尼茨为我们所知是因为其在哲学中的思考……但当我们细细品读这些人物生平传记的时候，我们会发现这些历史上的名人无不是多才多艺的全才：达·芬奇除了是画家，他还是雕刻家、建筑师、音乐家、数学家、工程师、发明家、解剖学家、地质学家、制图师，植物学家和作家；张衡除了在天文学上的成就外，还在机械技术、地震学、数学、地理、绘画和文学等方面做出了突出的贡献；牛顿除了我们所熟知的物理学贡献外，还是当时有名的数学家、天文学家、自然哲学家和炼金术士；莱布尼茨除了为我们带来了“乐观主义”外，他所涉及的还有数学、法学、力学、光学、语言学等40多个领域……在历史上像达·芬奇、张衡、牛顿、莱布尼茨这样的人物不胜枚举，细细想来，我们有理由相信，这些优秀的人在他们的时代中之所以能够获得如此伟大的成就是与他们的“多角度”“广视野”“全面性”密不可分的。我们可以做一个大胆的假设，如果这些优秀的人只是关注他们为我们所知的领域，而不是“多”“广”“全”地发展，我认为他们很难获得如此巨大的成就，也就是说，“多”“广”“全”的特性，使得这些优秀的人具有了开创新天地的能力和素质，他们有机地使自己的这些能力和素质融合、贯通、发酵、创新，才最终创造了影响历史发展的思想和成就。

从文明的发展到个人的成长，我们无不看到“多”“广”“全”的价值，“平台教育理念”就是希望通过一些操作性强的实施方法，促进每一个人“多角度”“广视野”“全面性”地发展，进而在创造自我美好人生的同时为世界的发展做出贡献。

在整个人生的旅程中，我们总会遇到这样或者那样的事物与问题，如何去思考和看待这些“微观”的小事物与小问题，直接影响着我们每一个人的“宏观”大人生，因此，“思考和看待事物与问题的能力”就成为决定每个人人生发展的核心能力。“平台教育理念”认为“思考和看待事物与问题的能力”可以具体分为两个方面：一方面是“从一个角度出发思考多个问题”的能力（即“单角度”阅读“多事物”的能力），另一方面是“从多个角度思考同一个问题”的能力（即“多角度”理解“单事物”的能力）。如果能够同时具备这两个方面的能力，那么无论在人生中遇到怎样的事物与问题，我们就都可以坦然面对、不惑处之。下面通过两个小例子谈一谈“多”“广”“全”的教育对于提高这两方面能力的价值。

例 1：原来各个学科都可以被看作是同源的

——“多”“广”“全”的教育促使每一个人具有“单角度”阅读“多事物”的能力

很多学生曾经问过我这样的问题：“为什么我们要学习这么多不

同的科目？大部分科目对于以后好像都是没有用的！”对于这个问题，我思考了很久，最后突然发现，这个世界上各种学问原来都可以被看作是在共同解决一个问题的同源学科，这个发现让我有些兴奋，因此写在这里，算作一个启发大家去理解“单角度”阅读“多事物”能力的一个例子吧。

在我看来，各个不同的学科所共同解决的问题就是：人为什么活着。

人为什么活着呢？从本源上来说，实际上就是为了永远地活着（说得拗口点就是：希望让明明心知肚明的有限生命变得无限）。显然，这个本源答案虽然是每一个人的希冀，却是一个最为矛盾的命题，因为每一个人都知道，这个问题的解决有些困难！正因为这个问题的矛盾和困难，才促使人们努力地通过各种方法试图去彻底或者部分地解决它，因此出现了从不同角度去思考和解决它的学问。

首先是哲学，这个显而易见而又沉重无比的问题，其实就是哲学中众多本源思考的起始点和归宿点，就这个问题直接和深入思考的过程本身就是哲学所做的最重要事情之一。

再就是神学，就“为什么活”以及“永远地活下去”这个问题而言，目前人类的思维和能力还不能完全地解决，由于人类在解决这个问题中的无奈，有不少人将这个问题的解决寄希望于一个有足够强大力量的“全能者”。此时，宗教和神学出现了！因此，一些人通过对神的崇拜和思考，让自己得到足够的信心和安宁。

再来说说我们的儒学。如果说很多宗教（如佛教、基督教等）

将解决这个问题的希望寄托于神，并通过神得到现世的安宁和后世的永生，那么我们的儒学则是把关注点直接放到了"有限生命"本身上，希望通过人们现世的努力，运用现世有限的生命，使自己的思想变得无限，从而在思想上实现生命的永生，进而解决"为什么活"以及"永远地活下去"的问题。儒学成功地将人们对永生的希冀转化成为可以操作的现世努力！

下面说说经济学和管理学。经济学与管理学更多地解决的是"保障活下去"的问题，也就是解决"为什么活"以及"永远地活下去"的物质基础问题。经济学可以通过对有限资源的合理调配及通过分工实现生产率的提高，进而为人们提供良好的生存条件，使人们好好地活着并有机会运用这样的物质基础，让人类这个群体"永生下去"；管理学则是运用科学的方法调配这些物质资源基础，进而保证人群确实可以高效地"永生"。

再来看看历史学。由于人们对解决"为什么活"以及"永远地活下去"问题的无奈，因此更多的人希望通过了解曾经有过的人类进程和思想作为进一步思考的参照，并希望在这些历史的遗存中总结出这个问题的最终答案，基于此，历史学产生了。

还有物理学和化学的产生问题。概括地说，物理学和化学是希望以物质研究为基点，分别在静态模式和动态模式中寻求世界运行的规律，人们希望运用这个规律寻找到生命永生的基础，并且相信，如果有一天世界运行的规律真的被探索完全了，生命的永生将变得极有可能实现。

关于文学、美学、艺术的产生，更是人们对于永生问题的思考体现。人们希望通过表达、交流、共享等方式将自己对于世界、生命、价值、意义、永生等问题的看法顺畅地展现出来，进而引起更多人的共鸣，并希望在这样的共鸣中得到现世的平静，更希望在这样的共鸣中获得瞬间的永生，这样的永生，哪怕仅仅是一瞬间，哪怕仅仅在思想中，也是非常珍贵的！

心理学对于这个问题的关注更加明确。简单地说，心理学其实就是希望通过对人类思想活动的研究，使人类可以解释更多的心理学现象，从而得到现世的平和与稳定，这样的平和与稳定可以帮助我们有力量接受关于“永生”问题的任何结果，无论这个问题是否能够最终解决，我们都能够坦然面对，并在自己的思想中获得永生的信念。

教育学的研究更是希望让更多的人从更多的角度去理解永生问题，因为教育本身就是希望通过科学的方法将必要的思想和知识传达给更多的人，使人们获得更多思考这个本源问题的能力和方法。

还必须要说一说医学。医学是希望通过各种有效的方法和手段，不断地破除影响我们生命的不利因素，从而使得我们现世的生命不断延续，也就是说，医学就是在实践的角度上不断寻找方法使有限的生命不断地延长，最终达到永生的程度。可以说，医学是人类目前找到的、可以部分实现永生的实践手段。

现在请大家仔细地想一想，其实任何学问，比如上文没有提及的数学（试图从繁杂的现象中抽提核心本质解决本源问题）、地理学（希望从地缘、环境的探索中找到解决本源问题的答案）、政治学（从更为高位的人类活动中为生存提供必要的保障）、人类学（关注生命本身及文化，从多个角度跨领域地探索生命本源的问题）等的基点都可以追溯到这个问题上来，所有的学问都可以说是在试图全部或部分地解决这个问题，人们热切地盼望着能够从任何一个角度解决这个问题，从而使人类获益。

最后说说生物学对这个问题的解决。永生问题当然是生物学研究的核心之一，生物学对于这个问题的解决是目前所有学科中最为有效的，可以说，从某种角度看，生物本身已经部分实现永生的目标了。生命对于永生是通过繁殖来解决的，也就是说，虽然目前我们无法实现个体的永生，但我们可以通过将生命的物质、结构传递给后代来实现群体的永生，并且，从对资源的利用和生命发展的角度看，群体的永生要远比个体的永生来得有效率，来得有价值！

就我个人而言，对于“为什么活”以及“永远地活下去”问题的思考，突然使我有一种各种学科触类旁通的感觉，也进一步增加了我学习、关注不同领域知识的信心，希望自己通过更多的努力，变得更加丰富，更希望当自己真正面对这个本源问题的时候，能够变得平和、宁静、有力量。

例 2：如何理解“前不见古人，后不见来者”

——“多”“广”“全”的教育促使每一个人具有“多角度”理解“单事物”的能力

前一阵读蒋勋的《蒋勋说唐诗》，看到了他对陈子昂《登幽州台歌》中“前不见古人，后不见来者”一句的分析，自觉角度多样、新颖，分析透彻到位，因此想借用蒋勋的理解作为“多角度”理解“单事物”的例子，希望对朋友们有所启发。

蒋勋首先是从唐朝的大背景角度理解“前不见古人，后不见来者”的。唐代是中国历史长河中一个很辉煌的时代，我们可以认为它是中华文明发展中的一个高潮期，在那个时代，刚刚度过了魏晋南北朝时期的动乱，中华文明在经历了一次冲突与毁灭，又融合了多种不同的文化要素后，再一次浴火重生，并显示出了比原有汉文化更加有活力的特性，整个中华大地到处都充满了文明的勃勃生机。在这样的时代背景中，“前不见古人，后不见来者”显示了那个时代中国人充满霸气的自信。

接下来，蒋勋又从那个时代诗人的特点进行了分析。唐代的诗人由于处在了那样一个时代，因此在他们身上显示出了一种很“奇怪”的特性：他们可以同时将我们通常觉得矛盾的两种情绪——孤独和自负——淋漓尽致地表现出来。“一个人如此骄傲，觉得这个世界上没有谁比他更精彩；但同时他又感觉到好大的哀伤，因为自负之后觉得好孤独。……有时你很想把这个感觉说出来，可是说不清楚。然而，在唐代的诗人，有个人说‘前不见古人，后不见来者’，自负感和孤独感全都出来了。”

接下来，蒋勋又回到作者陈子昂的角度分析了这句千古名句。这样空灵广博，霸气十足的句子，估计也只有陈子昂这样慷慨放达的诗人才能写出吧，诗人像是在与月亮、太阳、山川，乃至整个历史时空对话，这样的对话将整个生命都放大了，放大到巨大的空间中之后，就会感觉到骄傲、悲壮。生命意识放大后，就会有宇宙意识，同时又感觉到如此辽阔的生命并不多，因而让所有人都感觉到一种苍茫和辽阔。

除了从时代、诗人、作者等角度认识“前不见古人，后不见来者”，蒋勋还巧妙地创新了新的角度——将这一恢宏的名句放置于戏词中，被台上的老生徐徐念出。这样的角度赋予了这个句子以新的生命，在这个新生命里，“前不见古人，后不见来者”依然苍凉、自负、骄傲、孤独……却附加上了更多亲切、流行、共鸣、美的新感受。

简简单单的一句古诗，却让蒋勋从多个角度进行了理解和分析，并且每一个角度都给人以新的启示……

前面的两个例子，抛砖引玉地告诉朋友们“单角度”阅读“多事物”和“多角度”理解“单事物”能力的必要性，大家可以试想一下，如果我们每一个人都能具有这样的能力，那么就没有什么事物可以让我们苦恼，因为任何事物我们都可以看到它不同的侧面，也可以从不同的思路去分析这个事物的价值。真的拥有这样的能力的话，我们的人生自然就可以被我们自己变得美好无限……

想要拥有“单角度”阅读“多事物”和“多角度”理解“单事物”的能力，最关键的是需要我们了解和知道各种事物的角度和特点，这就需要我们每一个人能够进行“多角度”“广视野”“全面性”的发展，而促进每一个人“多”“广”“全”地发展正是“平台教育理念”的核心教育目标所在。真心希望“平台教育理念”能够为朋友们带来一些启示，帮助大家自信、平和、不受“奴役”地创造出属于自己的美好人生。

第三章 “平台教育理念”的哲学观

一、以哲学观指导“平台教育理念”的原因

我在阅读马克思的《资本论》和张景中院士的《数学与哲学》时，很受启发，深刻感受到哲学对于人类思考的价值：无论从哲学的角度思考经济学，还是从数学的角度出发达成哲学，哲学成为“人类一切知识的概括与总结”的学问，如此评价确实并不为过，无论是关于宇宙，还是关于人心，抑或是关乎方法，哲学其实都是在帮助人类概括和总结“人类发现的知识”。从以上角度进行思考，教育的学问作为人类学问中的重要组成部分，以哲学的视角进行探讨和总结，我想将会成为未来研究的一种必然趋势。鉴于这样的认识，作为一种具有一定探索价值的教育理念，“平台教育理念”的构建能够具有哲学的视角，从哲学的高度理解教育，无论从现实层次还是发展角度而言，我想都应该是很必要的。

无论是教育还是哲学，其实都是关乎“人的本质”的学问，既然关乎人的本质，且又希望从哲学的角度探讨一下教育的本质问题，那么，还是让我们从人开始吧。

人是一种能够“自我发展”“自我建立”的动物，因为在人的大脑中存在一个特有的区域，这个区域可以帮助人类将没有意义的声音、图像、动作转化为具有抽象含义的信息，这就是我们人类之所以能够听说读写、之所以能够不断交流反思的原因所在。本质上讲，人类其实正是运用了这些在大脑中产生的信息，通过个体之间的信息交换而完成整个人类的自我发展和自我建立的。我们把人类大脑中特有的这个区域称为语言中枢，也有人把它叫作第二信号系统。因为这个生理上的特点，人类通过不断的思考和自我发展，从“地球上的弱小生命”一跃成为地球之神、万物之灵。

人类语言中枢的存在，让人类具备了一种“探索未知本源”的理性热情本能，翻一翻人类的发展史，我们会发现，无论哪个阶段人类都在试图通过自己的努力建立一种解释未知本源的体系：他们曾经试过“万物有灵论”，后来变成了“多神论”，他们曾经一度受着“二元论”的统治，也曾追寻到了“一神论”的精髓，最终发展到今天，“人类理性”成为探索本源的基础。现在，不同的人运用人类特有的理性从不同角度解释着人类所生存的这个世界，无论哪个角度，大家所指向的都是探索那个令人着迷的“本源”，虽然到目前为止我们还没有一个统一的“本源”定论，但人类运用理性的探索过程已经足以支撑人类不断前行了。

人类探索"本源"的过程在现代社会被称为哲学，换句话说，哲学作为人类理性思考的本性，是支撑人类社会前行的动力。教育作为人类社会运行的保障，它也是受到哲学限制的，可以说，哲学是包括教育在内的各种人类学问及活动的基础，这也是我们将哲学作为"平台教育理念"建立基础的原因所在。

为进一步阐明哲学与教育的关系，我们可以这样认为：在人类特有的本源性理性思考基础上，人类创造了哲学，并以哲学为基础慢慢发展出很多解决不同方面问题的具体学科，教育其实就是这些众多分支中的一个，只不过当代的人们更多地将教育视为一种技术和方法，而在很大程度上忽略了其更为本源的那个基础。"平台教育理念"认为，教育作为一种将理性、原理、技术、方法、艺术等多方面融而为一的学问，从更本源的角度探索教育的核心价值，并运用这种"笃信"的哲学观指导具体的教育实施过程是极其必要的。本书作为探索"平台教育理念"的思考，以哲学观作为我们探讨的起点，就是希望能够将"教育本质"的问题探讨清楚，进而将教育的实施变得更加理性，更加有深度，更加具有探索的价值。我们认为，教育的思考与实施不但需要勇气、技术和方法，更需要理性的思考与恒定的"笃信"作为支撑。

在具体阐述"平台教育理念"的哲学观之前，我想先择取几个哲学中被普遍关注的核心问题——"信仰""人性"和"创新"——来谈一谈我的认识和想法，这些问题都是事关"人"终身发展的大问题，更是深入理解"平台教育理念"哲学观的关键所在。

关于信仰

说到信仰，可能不少人都会对这个问题有自己的认识，下面我来谈一谈我的理解。

从生命的角度分析，初始阶段人作为一种生物，生活在这个岩石的星球上，绝对是没有优势的，这一点从人体结构特征和原始生活状态两个角度稍加思考就不难理解，在那样被动的生活状态中，不屈不挠的人为了活着、为了产生自己的后代而延续自己的种群，可谓是历尽千辛万苦，他们思考（思考这一点可以算作与其他生物相较人类的唯一优势）、做事、再思考、再做事……就这样在不断的试错、失败、改进、成功中，人类终于活了下来，也正是因为最终的成功，使人类第一次有了欣赏自己、让自己舒适的“信仰”。无论这个时期的信仰是什么，我们都可以把这样的信仰称为“技术层次”的信仰，因为这些信仰是具有技术实用主义的、是为了活着的需求。

随着人类实践的进一步成功和深入，人类开始彻底摆脱自卑。之所以能够有此突飞猛进的前进，源自人类的“创造”。通过思考、做事，人类不断“创造”着自己的希冀，在一次次“创造”的成功过程中，人类建立了真正属于自己的“自信”。从此，人类抛弃了技术层次的信仰，进而转向了相信自己的创造：人类自己创造了各种物品，因此出现了人类拜物性的崇拜信仰（此时已经开始膜拜人类自己的创造物，而放弃了对自然物的拜物性崇拜）；人类自己创造了宗教，因此出现了人类信仰的神；人类创造了商品和金钱，因此出现了人类的拜金主义；人类自己创造了道德，因此出现了人类信仰的组织、国家和不断进化的社会。我们可以把这样的信仰称为"道德层次"的信仰（或者宗教层次的信仰）。

随着人类"创造"的飞跃，随着人类自信的完全确立，人类转而向更高的诉求努力：人类开始了"自省"过程。这种"自我探索"式的思考，使得人类开始有意识地调配和利用资源，进而对自己的思想意识形态进行再造，此时人类的信仰开始诉诸于"理性"，我们把这样的信仰称为"理性层次"的信仰（或者哲学层次的信仰）。

综上所述，我所理解的信仰其实是一个由"技术层次""道德层次""理性层次"三个层次有机结合而成的思想意识形态，这种思想意识形态的功能极其简单，总结起来就是一句话，即"让自己真正地爽"。获得这样的信仰也并非难事，做好四件事的循环式螺旋上升发展即可，它们是：深入（即继续人类的创新）→做事（即具有执行力的操作）→反思（即理性的自省思考）→传承（即以尊重的态度发展思想意识形态）→再深入→再做事→再反思→再传承……在这条路上，我相信，每一个人都可以找到支撑自己的信仰。

关于人性

下面再来谈谈人性。关于人性以及人性作为"平台教育理念"

的源起问题我们在第一章已经做了讨论，尤其是对作为人性核心的思想意识形态的产生与发展，更是做了详尽的阐释，在这里我们再做一次简单的回顾。

人性从原始社会中的“惯例”开始，经由“风俗”“伦理”“良心”的发展，逐渐演化形成（我们认为，从“伦理”“良心”产生那一天开始，可以被真正称为人性的特性就开始萌发了）。良心和伦理意识是人性的起点，也是形成思想意识形态的出发点。也就是说，思想意识形态的建立是一种集体意识传承性的建立，在这个建立过程中既需要传统的继承，又需要现实的创新，因为思想意识形态不但具有维持现实世界稳定性的功能，还具有指导和影响后续世界发展的作用。

“思想意识形态”的发展与社会经济的发展密不可分，在原始未开化的时代，人的思想意识形态的关注点更多地指向动物性欲求的满足，在肚子都吃不饱的情况下，很难想象会有更多人性化的思想意识形态产生。但随着社会经济的发展，人类开始有足够的物质财富和休闲时间考虑人类自身发展的事情，也就是说人类不再用把全部精力都投入在温饱问题的时候，“人性化”的思想意识形态开始在良心和伦理意识的基础上萌发生成出来，人们开始有时间和能力探索关于宇宙、逻辑、自我、规律等终极问题，在这样的探索中神学、科学、哲学孕育而生。在后续的发展中，围绕人性的探索又分别在神学领域、哲学领域、科学领域做了大量的工作（并且这些工作现在还在不断地深入、拓展），它以个体探索为基础，然后不断拓展为面向全体人类的思想。我们有理由相信，关于人性的探索，无论是神学层次，还是哲学层次，抑或是科学层次，最终的“致知”之所都应该可以被称为“艺术”，一种震撼心灵，让人类获得真正自信的思想意识形态。

说了这么多，可以为人性做一个结语了，什么是人性呢？我的理解就是一句话：人性就是人类对自己“高看了的”认知，是一种具有艺术性的、震撼心灵的、让人类获得真正自信的思想意识形态。

关于创新

最后来谈谈我理解的创新。我并不是想从生活的角度去谈创新的必要性和有利性，还是回归到人生本源、人类本性的角度，聊一聊我对创新的理解。

读过前面关于信仰和人性的讨论，我想大家已经不难理解创新对于人类的价值了，如果从本源的角度思考，我们会发现创新原来就是一种人类“内动力”的需求，因为这种内动力，人类在危机四伏中“活了”下来，并“繁衍出了”规模巨大的群体；因为这种内动力，人类有了自信，并在这种自信的基础上创造了整个世界（我们现实的世界可以被看作是人类思想意识形态与自然物质相互作用的概念产物，一切的一切都是人类的创新成果，没有例外），成功地寻求到了能够让自身不断发展下去的思想意识保障和物质基础保障；因为这种内动力，人类产生了“人”的概念，并对这个概念不断地丰富，最终成就了我们与其他生物相较而不同的“人性”。这样看来，我们会容易地发现：原来创新才是让人类继续发展下去，以至无穷的根本法宝。作为人类的一份子，我们期待人类继续地创新，继续地自信，继续地发展下去……这样的“继续”需要“教育”的助力，这就是我们在这里静下心来、认认真真、创新性地去探讨一种教育理念——“平台教育理念”的原因所在。

通过前面的探讨，如果大家已经对信仰、人性和创新这三个问题有了一定共同认识的话，接下来我们就可以一起来看一看“平台教育理念”的哲学观了。

二、“平台教育理念”的哲学观——“整体论哲学”（人的整体论信仰）

支撑“平台教育理念”的哲学观，也是“平台教育理念”在具体实施时的指导方针。

我们将“平台教育理念”的哲学观称为“整体论哲学”，因为我们发现，真正的思想家对于世界都是从整体性角度认识的，虽然他们的切入点可能不同，但最终他们所思考和诠释的都是“同一个既带有宇宙又带有人心的世界”。我们把达成“整体性认识世界、高层次思考世界”的过程，称为“整体论过程”，把最终达成“整体性认识世界、高层次思考世界”的状态，称为“整体论状态”。“整体论过程”和“整体论状态”统称为“整体论哲学”，这是能够帮助个体“人”获得通达、透彻信仰的保障，更是“人”有念想地、知行合一地生活的基础。而让个体“人”拥有通达、透彻的信仰，从而在人生的任何时候都能够不惑、自信且幸福地生活，让每一个人都能够有念想地、知行合一地认真去做自己想做的事情，正是“平台教育理念”希望达成的愿景。

作为“平台教育理念”哲学观的“整体论哲学”，主要包括以下四个方面的内容：

1. 整个世界是一个整体。

所有的思想家对于世界都是整体性认识的，虽然他们的切入点可能不同（有些从物入手，有些从心入手，有些从宇宙入手，有些从人伦入手，有些从方法入手，有些从结果入手……），但最终他们所思考和诠释的都是同一个既带有宇宙又带有人心的世界。（可笑的是总有一些后人非要用一些模棱两可的“唯物主义”“唯心主义”等字眼将古今中外的先贤片面化，可悲可叹。）

2. 人是活在“故事”中的，但每一个人都需要用功地找到自己信奉的“故事”。

就像尤瓦尔·赫拉利在《人类简史》中说的那样，人生活在一个客观的世界中，产生了每个人自己的主观，这些主观既具有个体的个性，更具有集体的共性，由此产生了群体所能够共同接受的“主体间”，而维系“主体间”稳定性的其实就是人类共同编造的“故事”，我们把这些故事称为“思想意识形态”。虽然这些故事是维系人类群体的基础，但真正完全理解故事，真正寻找到能够给予自己力量的故事，却并不是一件容易的事情，这个过程需要每一个个体的人在思想上做一番极其认真的努力才行。这样的努力对于每一个人都是必要的，因为只有找到属于自己的故事，找到自己真正信奉的故事，才能够支撑自己真正地生活下去。

3. 由于人类是群体性动物这个特点，我们发现所有的大哲都选择了利他性的故事作为个体人类的最高信仰，我想，这应该是人之所以称为人的最高保障吧。

人类的故事多种多样，有偏利于自己的，有偏利于小群体的，也有有利于整个群体的。但由于弱小的人类从进化之初就不得不结合成群体，因此，人类最高的“良知故事”总是带有利他性的。换句话说，保障个体人类以及整体人类生存、发展的共同天道基础本质上应该是利他的，唯有如此，才能让人类本身真正受益。也是因为如此，我们不难发现，古今中外所有的明贤大哲最终都选择了利他性的故事作为个体人类的最高信仰。

4. 外物追求对于人来说是重要的，但在所有先贤看来，它仅仅应该是被人类踩在脚下的保障，而真正能够放在头顶的“神明”应该是自我苦思而获得的“道”。

外物追求（比如金钱、地位、名望）无论对个体人类还是对群体人类而言都是重要的，因为它是人类安身立命的基础，但从能够支撑自我的最高故事信仰的角度看，这些安身立命的基础也只能作为最下层、最基础的需求被看待（即马斯洛眼中的缺陷需求）。也就是说，这些外物追求的基础只能保障让人“活着”，但不能帮助人有效地对生活进行探索、对终极问题进行追问，无法满足人类的精神需求，因此，在所有先贤看来，外物追求的过程只能被人类踩在脚下。为了找到人类个体的最高故事信仰，每一个人都需要通过自我的苦思，认真求诸“客观”，努力向上寻找那个悬于我们头顶的、持续永久地给予我们生活力量的、存于“主体间”但又仅属于我们自我的主观“神明”，我们把这个神明称为“道”，这个“道”是上达天理下通人性的存在。

综上所述，“整体论哲学”的思想可以用下面这张小图做一概括：

整体性思考

细看本图，我们会发现在人的身体里（心里）存在一个螺旋上升、不断放大的内在思想体系，我们认为，这个个体人心中的思想体系是帮助人最终获得“整体论哲学”信仰的保障。我会在下面的文字中着重谈一谈这个个体人心中思想体系的实质，因为，教育作为一种“帮助引发自我价值”的人类活动，其针对的对象首先是个体的人，换句话说，教育的过程是给每一个人种下一颗具有希望的种子，引发每一个人心中的一种欲望，促使每一个人具有足够的发展能力，让每一个人类个体都能够自主地去寻找属于自己的“整体论哲学”信仰，让自己不惑、自信、幸福地生活，而这个个体人心中的思想体系正是这颗种子，这种欲望，这项能力。

让我们把个体人心中的思想体系放大一下：

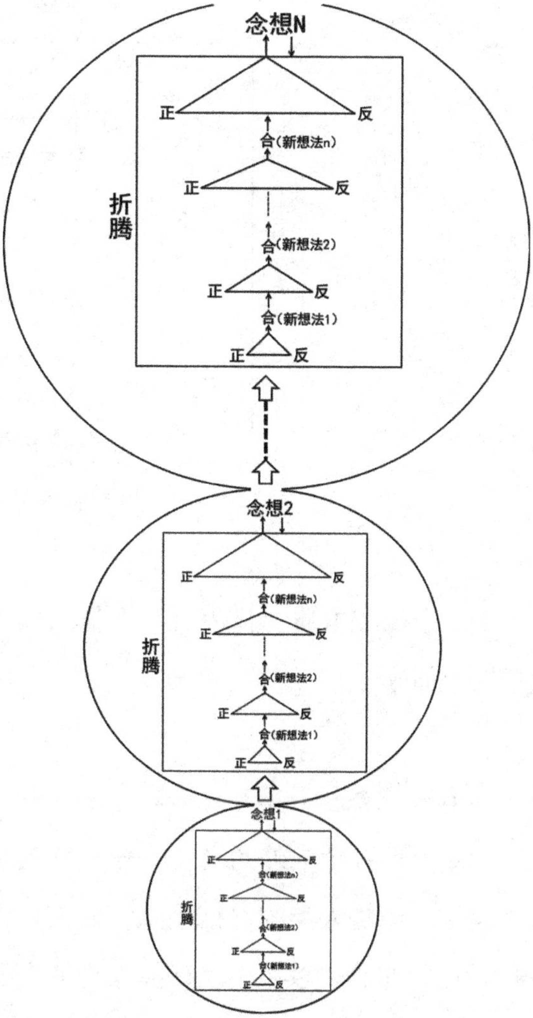

新哲学理念

我们不难发现，这个思想体系是一个螺旋上升的发展过程，没有尽头，也就是说，对于个人而言，终其一生都可以不断地去探索，不断地去发展，直至无穷……这就是“平台教育理念”中所倡导的终身学习，终身自我发展，终身自我建立。

图中，在每一个上升的过程中，我们都可以看到相同的发展历程，让我们再把这个过程做一放大：

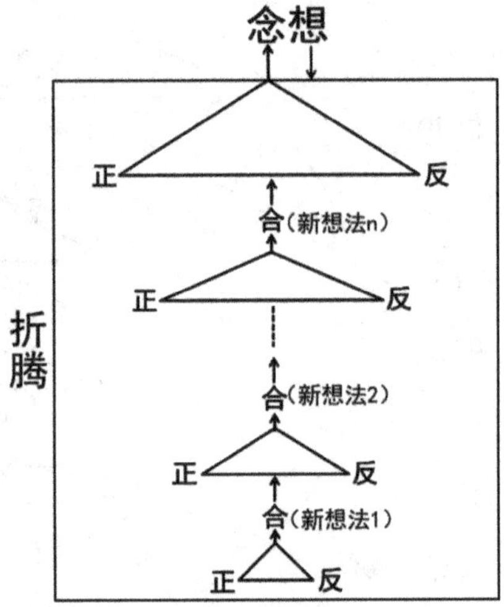

哲学思考

这个过程本质上代表着“个体人”哲学理念的实施，该理念包括三个部分：

第一，念想。

像很多古今中外的贤哲一样，在这个理念中，无论是宇宙的进化演替，还是人类的繁衍生息，其实都需要一个念想，这个念想有些人把它叫作“实在”，有些人把它叫作“形而上”，还有些人把它叫作“一”、叫作“火”、叫作“意志”、叫作“范畴”、叫作“上帝"……无论管它叫什么，我们认为是由于念想的存在才能够促使人去折腾，促使人成为"人"。在《西方哲学史》（弗兰克·梯利著）的读后感中，我曾经根据哲学史的发展，推演过我认为的下一次思想革命的特征：在未来，哲学的下一次大发展应该会把研究的关注点再次集中到信仰和意志上，在这个探索过程中会运用已有的方法，或者发展出更为有效的方法进行研究，并最终将着力点回归到"人的问题"上，从而促使整个哲学界迎来一次更为惊喜的发展过程。如果按照这个推演的话，能够决定人进一步发展的基础核心应该就是人的理性思想、人的理性追求。将一个人类理性可以企及且自我认可的目标、理想、梦想作为追求的顶点，这就是真正的念想。在这个念想的牵引下，人就有了学习、拓展、思考、选择的权利和动力，并且会发挥出人的最大潜能运用和拓展这一权利和动力，拼尽全力地去实现自己的念想。这种在念想指引下的学习、拓展、思考、选择的权利和动力就是这个理念中的第二部分：折腾！

第二，折腾。

之所以用了"折腾"这个词，实际上是源于"平台教育理念"中拓展自我视野、获取自我认可、最终达成自我幸福（达成或不断接近念想）这一基本目标的方法名称。从哲学体系的角度看，如果说念想被认作是哲学理念中形而上学的部分，那么折腾就是达成形而上的知识论、认识论和逻辑构建的部分。在这个名为折腾的知识论中，我们基本上赞成笛卡尔的"二律背反"和黑格尔"正反合"

的辩证逻辑。在我看来，用理性不断探索念想、用实际行动不断接近念想的过程，就是不断探索、积累、择取、整合、设计、在各种对立极端之间寻找最佳平衡点的折腾过程，从图中我们不难看出念想和折腾的关系和过程。折腾是需要本事的，怎样才能具有折腾的本事呢？在我看来这其实并不难，引用“平台教育理念”中的观点可能会给大家一些启示：“让每一个人自我的人生都变得更加宏富，变得更加广博，变得更加宽容，变得更加综合，不要只把视野局限在一个点上，而是应该有一种更加广阔的胸怀包容世界、理解世界，进而通过更加多元的素材培养我们自己，让我们有足够的自信和能量创造出适合于自我的思想意识形态，让每一个人都能够拥有属于自我的幸福生活，让这个世界也因为个体的幸福而变得更好”，说白了，就是让人终其一生都不断地学习和发展，不断地寻找、拓展自己的“想法”，随着人的发展，一个个新的想法会不断地进化，在这样的进化过程中念想也就形成了。反过来，一旦人有了念想，这个信仰会促使人发挥自我更大的潜能进行折腾，最终在这样相互促进的良性上升中，人类就可以幸福地生活在自己的念想中了（设立念想、追求念想、达成念想、再设立新的念想、再追求新的念想、再达成新的念想……这个不断上升的过程，也是获得自我灵魂和信仰的过程）。在不断设立念想、不断达成念想、不断将念想变为下一个念想的基础再次设立新念想的过程中，人会不断地完善和幸福着。让人有事可做，就可以发挥人的无限潜能。不断发挥人的自我最大潜能，进而构建更加适合人生存和发展的社会，这就是这个理念中的第三部分：人！

第三，人。

这里虽然仅仅使用了一个字，但其包含的内容却是极其丰富的——既包括了个体的人和人类社会，也包含了个体人的心理（心理学）及人在社会中的相互关系（伦理学、政治学），还包括由人设计、由人构成的各类组织及其发展规律（组织、国家、经济学）——总而言之，人是这个哲学理念中所关注的最为核心的内容，包括念想、折腾在内，都是在为人服务的。对于人的论述，其实每一个部分都有设置专论的必要，此篇作为提纲挈领的介绍性文章就不再赘言，在此仅用一句话对人的总纲性内容描述一下，即“人是生活中的人，生活中的一切都可以变为人思考的素材，运用这些素材建立属于自我的理性人生，才是关于人的核心内容，其中的各种‘正反合’都需要每一个人自我参与、自己思考，使自己最终成为自己的哲学开创者”。“平台教育理念”的核心指向也正是为了人的自我发展。

理解了“整体论哲学”内容所指，接下来，我们来谈一谈对于人来说，应该怎样建立属于自我的“整体论哲学”信仰。

我们认为，人类“整体论哲学”信仰的建立过程大致会经历三个阶段。

最开始，伴随人类个体的产生，在每一个人头顶都有一个“混沌”的存在，这个存在包括了天理、人性和物欲的混杂，其中，由于物欲对于人具有较强的外显性，所以人最开始的精神层次往往是一种追求物欲的表现。这个时候，人总是被生活中的物欲所牵引盲动前行，甚至都没有意识到头顶悬着一个“混沌”。

随着经验的积累，知识的扩充，思维理性的拓展，人开始意识到“混沌”的存在，并通过各种各样的方式试图理解和解释这个混沌。这个理解和解释的过程，可以帮助人将“混沌”厘清，使天理、人性和物欲的“混沌”在人的心中渐渐清晰，成为“三者相对独立地交融”状态，这个时候，我们说，人形成了属于自我的哲学观。每个人自己的个体化哲学观在这三者中都有一定的偏好，他们或者选择偏于天理进而指导自我的行动，或者选择偏于人性进而指导自我的行动，或者选择偏于物欲进而指导自我的行动。茫茫人海中，拥有自我哲学观的人不在少数，但从目前的实际情况看，选择物欲指导自我行动的人比例不小。

随着“混沌”的厘清，很多人就止步于此了，但也有一些人并没有停下脚步，而是选择了对天理、人性和物欲“三者相对独立地交融”状态进行进一步的思考和审视。如果我们把厘清混沌的过程称为“格物”的话，那么，进一步的思考和审视过程就可以称为“致知”或者“悟”。这个过程对于人来说像是一个洗尽铅华的选择过程，从历史上先贤大哲的“致知”或者“悟”的过程看，他们都选择了“将物欲退到脚下，将天理和人性进一步有机交融使之坚定地悬于头上”的选项。“致知”是先贤们个体人的追求，其实，它也是全体人类的最高层次选择。这种高层次的、利他的、“整体论”的选择，不但可以使人更加清晰，更加平和，更加富有力量，还可以使人类变得更加幸福，更加和谐。这个选择过程和这个选择本身可以促使人和人类走向一个良性的、螺旋式上升的循环中，在这个循环中人和人类都可以变得更好。这个更好的过程和选择对于每一个人来说都是意义非凡的，它促使每一个人通过自己的努力寻找到自我的“整体论”状态，我们把这种“整体论”状态称为信仰，是个体人真正认同、选择、笃信并可以指导自己知行合一的信仰。

“平台教育理念”正是受到了对“‘整体论哲学’信仰建立过程”思考的启发，希望以“整体论哲学”为基础，探索出一整套适于人发展的教育思想与实施规则。下面，就请大家怀揣着作为“平台教育理念”哲学观的“整体论哲学”思考，跟随我进入下一个主题——在“整体论哲学”的地基上，探索“平台教育理念”对每一个人发展的真正价值。

第四章　教育是一场针对生命、文化、灵魂所实施的活动

在这一章，希望能够在“整体论哲学”哲学观的基础上，对“平台教育理念”对于每一个人发展的真正价值做一番探讨。

让我们还是从教育开始……

一、教育的定义

曾经，我作为评委，参与了“北京师范大学第十六届未来教师素质大赛”，面对一个个志愿在未来担负起民族教育希望的年轻人，感触良多。

作为一名教师，多年来，我一直在问自己这样三个问题：“学生是什么？”“师者是什么？”“教育是什么？”古往今来，无数思想

家、教育家、先贤大哲们都对这三个问题有过不少思考，今天在此，我也想谈一谈对于这三个问题的个人看法。

在我看来，无论我们把“学生”作为怎样的角色看待，首先，他（她）是一个生命，一个被称作“人”的生命。从生物学角度分析，每一个生命都是相同的，也都是独特的。说其相同，是因为被称为“人”的物体，本质上讲都是生命，他们都具有生命的基本结构和特征，也都是在生命的基本框架中协调运行的，换句话说，生命作为人的共同特征是绝对不能被忽视的，作为生命，他（她）值得尊重，值得敬畏。说每一个生命是独特的，则可以从生物学的角度找到充分的证据。“遗传物质中的信息”是目前科学已知的、决定生命发展的核心基础，在对遗传物质的研究和探索中，我们发现，每一个人的遗传物质所蕴含的信息都有其独特性，也就是说，每一个人都是带着一幅独有的“生命蓝图”来到这个世界的，这幅“生命蓝图”决定了我们的性别，规划了我们的生长，甚至影响着我们的性格，在生命运行的大部分情况下，我们都是受着这幅自我独有的“生命蓝图”的影响。正是因为这幅蓝图的独特性，才造就了不同的人具有不同的发展可能，正是由于丰富多彩、多种多样的人，才创造出了这个滋养我们每一个人成长、五彩斑斓的“人类社会”，才有了如此美妙绚烂的“人类文化”，也正是人作为生命的独特性，才造就了每个人所特有的“自我灵魂”，每一个灵动可爱、蓬勃发展的人类自我灵魂，才是作为生命的“人”的最好诠释。

当学生从生命的角度被师者理解和尊重，同样作为生命但被称为师者的人，才有了师者的价值。师者是什么？以生命的角度为起始进行思考，师者是让每一个作为生命的“人”慢慢成长为具有“文化”、拥有“自我灵魂”的人的催化剂。要做好这个催化剂，师者需要不断地学习和成长。作为面对学生的师者，其需要做一个“真实”且“丰富”的自我，也就是说，师者首先要从生命的角度理解自我，认识到自己是一个“独特的”“具有自我特定生命使命”的个体人，这样的“真实”感不但可以给师者自身带来极大的自信和活力，更会对同为生命的学生起到潜影默化的激励作用，让学生在一种无形的力量中认识自我作为生命的共性与特性。除了“真实”，作为师者还需要“丰富”，如果师者可以不断地、有意识地扩大自己的视野、增长自己的见识、提升自己的思想、拓展自己的知识、丰富自己的文化，那么，这些过程不但有利于促进师者的“终身教育”发展，更可以给学生带来无限的价值，他们可以在师者的引领下，发现人性的力量、文化的魅力和灵魂的震撼。

如果说仅从生命角度思考学生和师者之独特性和发展能力的话，我们会发现，人在充满活力和能量的同时，还不免带有很多生命本身原始“兽性”的特质，这些特质在人类社会的发展过程中，多数时候是负面的，因此，有必要加以疏导和控制。基于以上的认识，我们认为，人之所以成为人，除了生命本身的特性外，文化（即人性的重要特质）是人在社会中不断发展和前进的另一重要特征（关于人性起源、发展历程的论述，请详见拙著《平台教育理念之初探》第二章相关内容）。

从文化的角度看待学生，学生就成为一张具有无限积极潜能的白纸。说其是白纸，代表了人的可塑性，对人类文化特征起决定性作用的并不单单是"生命蓝图"，还有后天的塑造，也就是说，人所生活的地理气候、风俗特点、伦理意识等自然和社会环境，都为人提供了丰富的素材，使每一个人可以按照自己的特点（"生命蓝图"中的共性与特性）选择材料，形成自我的文化状态，进而形成整个社会的文化状态。说其具有无限积极潜能，代表了我们对人的核心性质的理解，在"平台教育理念"中，我们是将"人具有积极本性"作为思考教育的基础，我们认为每一个人从生命的角度都具有足够的积极内核，运用这个内核，人可以在"生命蓝图"和文化的共同指引下，找到适合自我发展的平台，并让自己在一个个螺旋上升且不断扩大的平台上，最终实现真正的自我——那个由积极内核决定的、特有的自我。

通过自我的努力找到真正的自我，帮助学生理解自身"生命蓝图"及文化为他（她）们带来的资源价值，并引导学生选择、扩大适合其自我发展的、螺旋式上升的平台，助力其最终实现真正的自我，这样的人就是我们从文化角度所理解的"师者"。师者作为人，无论从生命的角度，还是从文化的角度，都有其自我发展的需求，就像韩愈在《师说》里论述的那样："弟子不必不如师，师不必贤于弟子，闻道有先后，术业有专攻，如是而已。"同样作为人的师者，其实与学生一样，需要不断地发展自我，因此，师者和学生就成为一种辩证的关系，对于任何一个人来说，从文化的角度理解，其既是学生也是师者。作为教育概念中的师者，我们有这样一个基本的判断标准，即师者除了拥有不断发展自我的能力，还要有将“先闻之道”“专攻之术”传之予学生的责任、意识和勇气，这个标准也是从文化角度、从社会发展角度对师者的基本要求。

通过上面的文字，我们不难看出，如果说“生命蓝图”是一种充满活力和不确定性的能量，是一种带有些许“兽性”意味的冲动，那么，文化就是将这种能量、这种冲动进行规定，使其能够在一定范围内更合乎社会、合乎群体发展的要求，也就是我们常常提及的人性。我们每一个人都是在这对矛盾体的不断冲突、斗争、融合中成长起来的，基于这样的认识，请大家允许我引出本篇最后的，也是最重要的一个概念——灵魂（这又是一个辩证法）。在我看来，灵魂就是生命和文化冲突、斗争、交融后生成的为自我认可、让自我感到舒适、让社会得到发展，同时让自我与社会和谐共存的“黄金分割点”。这个“黄金分割点”不但是那个由积极内核决定的、特有的、真正的自我，更是能够促进人类社会不断向前的动力保障，这个“黄金分割点”是每一个人的灵魂，也是整个社会的灵魂。

如果把灵魂这个生命与文化的“黄金分割点”放到时间的长河中思考，我们会发现，无论是个体的人，抑或是群体的人类社会，灵魂都是一个动态的、没有止境的灵动。这是因为，生命和文化都是灵动的，自然，作为生命和文化的"合"，其灵动也就成为必然，因此，我们可以说，真正的自我和社会的发展也是随着时间的变化不断前进的。在任意一个时间点上，去发现、确定、选择自我的灵魂和社会的灵魂，那将是我们不断努力的方向，我们的教育也将是为了这个方向而不断努力。

无论从个体的角度，还是从社会群体的角度来看，在流动的时间长河中，寻找并拥有灵魂都不是一件容易的事情。它需要每一个人都能够清晰地认识自我（包括生命的自我和文化的自我），需要每一个人都能够全面地理解文化，更需要每一个人都能够拥有持续前进的动力和能力。因此，从教育的角度思考灵魂，无论是学生还是师者，作为人，在教育和受教育的过程中，我们都要不断经历冲动、试错、冲突、修正、融合、再冲动、再试错、再冲突、再修正、再融合……只有经历这些，我们才能够在不断前进中寻找到我们自己真正的、不断发展的灵魂，拥有灵魂的我们，才能够更好地进一步发现自我、理解社会，成为促进社会发展的一块基石。通过以上的论述，我们可以从生命、文化和灵魂的角度对教育下一个定义，在我看来，教育就是一场针对生命、文化和灵魂所实施的活动。

论及至此，我们有必要回到"平台教育理念"中了。我们知道，"平台教育理念"的核心教育目标是希望通过"多""广""全"的教育，使得每一个人都有能力去寻找、去选择、去发现、去改造、去创新让自己信服的、可以给予自己力量的、属于自己且有益于人类进步的思想意识形态。而针对“属于自己”“思想意识形态”教育目标的达成，正需要从人的生命、文化和灵魂方面进行实施才可以。生命、文化和灵魂其“正反合”的辩证关系，恰恰暗合了“平台教育理念”的哲学观，这就使得“平台教育理念”在具体教育实施中的贯彻成为可能。从理论到实践，系统化的“平台教育理念”及其实施希望能够帮助每一个人成就属于自己的人生。而想要真正实现这个目标就需要让每一个人得到全面的发展，在自我全面发展的基础上每一个人也就有了足够多的人生选项，并且有能力创造出更多的人生选项，在这些人生选项中，每一个人都可以根据自己的需求进行选择与创造，从而成就出真正属于自己的人生。“促进每一个人的全面发展，帮助每一个人成就自己的人生”正是“平台教育理念”对每一个人发展的真正价值。

二、“平台教育理念”及其实施希望促进每一个人的全面发展

古往今来，虽然每一个人都在追求着自己的“无限”（无限的希望、无限的资源、无限的生命……），但无论从哪个角度思考，人本质上都是“有限”的。每一个人的“有限”除了受限于生命的有限、资源的有限，更根源于其思想的有限。现有的科学研究告诉我们，

在可预见的未来，生命的有限和资源的有限都是很难破除的，因此，对于每一个人来说，想要用自身的“有限”去成就属于自己的“无限”，能够入手的点只有思想，让有限的思想通过自身的努力不断成长，从而帮助每一个人去接近属于自己的“无限”。

那么如何让自己的思想成长呢？我们还可以再使用一下容器的比喻。我们可以把每一个人比作一个容器，“好”的容器应该具有“无限的容积”（具有海纳百川的强大内心）、“坚固的外壁”（具有强健的体魄）和“发酵出美酒的能力”（具有融会贯通和自我反思与创造的能力）等特点。也就是说，在“好”的容器中，思想是可以不断成长的，自我思想的成长过程就像是在“无限容积”的容器中利用“无限丰富”的材料酿造属于自己的独特且醇香的美酒的过程，它需要让容器的容积不断地扩大，它需要非常多元而丰富的材料，它需要足够强大而坚固的外壁，这一切回归到“平台教育理念”中就是一句话：促进每一个人的全面发展，让每一个人都能够成就属于其自己的思想意识形态。

从容器的比喻中，我们不难发现，“平台教育理念”所指的“全面发展”主要包含三个层次的内容：“无限的容积”“坚固的外壁”和“发酵出美酒的能力”。没有“无限的容积”，再坚固、再具备发酵的能力都无济于事；没有“坚固的外壁”，一切都等于是零；没有“发酵出美酒的能力”，即使再坚固、容量再大也仅仅是一个死容器而已。

在“全面发展”的三个层次内容中，“平台教育理念”认为，

“无限的容积”即“具有海纳百川的强大内心”是首要的基础，因为只有容积变得无限了，才能具有发酵出各种美酒的能力；只有容纳足够多的素材，才能选择最好的材料来将外壁加固。有鉴于这样的思考，我们有必要在下面详细讨论一下“无限的容积”即“具有海纳百川的强大内心”对于每个人全面发展的价值。

人类文明的发展动力源于人类全面发展后的选择、组合、创新与认同

世界的发展在任何时代都好像是在做选择题，而各种选项其实一直存在于这个世界中，所谓不同的时代，仅仅是某些选项或选项组合占据了优势而已，纵观人类文明发展的历史，所谓的进步，本质上就是不断发现更多选项进而选择和创新出新的选项组合的过程。

从人类自洪荒中走来的那一天开始，为了生存，人们在与自然做着各种抗争同时，也在不断地思考着人与物、人与神、人与人之间的关系，在深入的思考中，“自然科学”“宗教神学”“人性思考”“人文主义”“民族意识”“理性启蒙”也不自觉地形成了，这些思想进一步经过实践的检验和人们更加多元的探究后，逐渐演变成为各种“思想素材”，而这些“思想素材”就是我们这里所说的选项，它们无所不包：血腥与贪婪的邪恶包括在其中，平和与神圣的思考包括在其中，美好与希冀的渴望也包括在其中；思

想的僵化与发展包含在其中，行为的保守与进取包含在其中，社会的进化与崩溃也包括在其中；人性的善良与恶俗，规则的遵从与打破，制度的创造与演进，也尽含于其中。总而言之，我们理解中的一切的一切都在人类被称为人类的那一天开始就已经具备了，也就是说，人类早早地就在第一时间创造了所有在人类演进过程中必要的选项。

但是由于时代的不同，人类或丢失遗忘了某些选项，或主动地选择、组合出了某些选项，进而形成了某个时代的道德：在人类的历史上，有些时代，“野蛮与血腥”被选择出来作为时代的道德，而在另外一些时代，“谦卑与神圣”又会替代其他选项被重点择出而成为时代的道德，“信仰统治”“人文主义”“民族意识”“理性启蒙”“科学至上”……各种选项随着时代的演进不断地被选出、组合，正所谓你方唱罢我登场。

细细想来，在人类历史上之所以不断出现某些选项占据优势的现象并不是偶然的。从世界范围看，如果我们假定在轴心时代，世界范围内有关“人物关系”（自然科学重点思考的就是人物关系，这个思想体系在轴心时代被希腊的思想家们发扬光大）、“人神关系”（宗教与神学重点思考的就是人神关系，这个思想体系在轴心时代被印度的思想家们发扬光大）、“人人关系”（人性问题重点思考的就是人人关系，这个思想体系在轴心时代被中国的思想家们发扬光大）等各种思想选项已全部出现并已较为成熟，那么，后续人类历史各个时代的道德本质就是这些已有选项的学习、组合和演化，而选项选择的主要动力源于人类的片面和无知：由于“人神关系”思考的缺乏造成了中国魏晋南北朝时期的虚弱；由于“人人关系”思考的丢失使得整个欧洲在黑暗时代中摸索了上千年；由于只关注于“人神关系”的思考，则使得印度次大陆反复地被外来势力征服……也就是说，人类知识的贫乏和视野的狭窄造成了在世界不同地区不断出现某些选项优势的现象。

再看人类文明的发展历程，每当出现人类视野拓宽、见识增长、思想多元、知识丰富的时候，都会迎来一个时代的进步：对于希腊古典文化艺术的学习造就了“文艺复兴”；大范围的民族融合与“人神思考”的西来（佛教输入）成就了“大唐盛世”；新大陆的发现与人类对海洋的征服促使了“理性启蒙”“科学革命”乃至“工业革命”……总而言之，人类学习和理解的选项越多，就越有能力对这些选项有效组合甚至创新改进，并让这些选项成为一个伟大时代的道德标准，进而将人类推向一个更加伟大的时代。

我们现在所处的时代，知识的传递效率是惊人的、信息的获取途径是多元的、视野的拓展可以是无限的，毫无疑问，思想选项的组合和更新能力也可以是超强的，因此，我们完全可以依靠教育与学习的过程使每一个人理解的选项不断增多，这个让每一个人理解的选项增多的过程就是促使每一个人全面发展的过程，这个过程可以让每一个人逐渐拥有“无限的容积”即“具有海纳百川的强大内心”。对于每一个人来说，选项了解得越多、理解得越深，就越有能力选择、组合与创新，进而发展出新的、自我认同的、属于其自己的思想意识形态（即“发酵出美酒的能力”）。拓展一步说，如果世界上的每一个人都能在全面发展的基础上发展出大家都认同的、支持整个人类社会进步发展的思想意识形态（即符合时代发展的道德标准），那么世界将会再一次迎来飞跃式的发展。历史上，新的选项或选项组合被确定的过程往往伴随着血腥的斗争，但现在这个时代，我们有可能通过教育与学习促成人类的全面发展，进而以一种和平的、“不流血”的自然过程促使时代道德的和平更新与进步，如果真的能够实现，可谓善莫大焉。

道德底线在促进人类全面发展的过程中不可或缺

人类的全面发展在为人类文明发展提供积极动力的同时，也存在“过于多元，难以统一”的混乱隐患，因此，“平台教育理念”在强调“促进每一个人全面发展进而拥有‘无限容积’”的同时，也更加重视“底线”的建立，只有拥有共同的底线，全面发展的每一个人所选择、组合、创新出的属于自己的思想意识形态才不至于产生混乱，才不至于分崩离析，才不至于造成重大悲剧（历史上的大量悲剧正是源自人类自身不同思想意识形态的斗争）。“平台教育理念”认为，道德是在促进每一个人全面发展过程中不可或缺的共同底线，这一底线既是促使人类全面发展的驱动力，又是防止人类混乱崩溃的防洪堤。

“平台教育理念”中作为人类共同底线的道德具有两个层次的含义，其一是个人安全规范，其二是社会责任底线。

我们先来解释一下什么是道德中的“个人安全规范”。请大家跟着我想象这样两个场景，场景一：让你自己处于一个小木屋中，而这个小木屋是修建在一片空旷原野上的，屋中只有你一个人，而整片原野上也仅有这一座小木屋。场景二：与场景一相同，还是让你独自处于一间建在原野上的小木屋中，所不同的是，在小木屋的周围有一圈矮矮的篱笆墙。让我们来一起对比一下这两个场景，静心思考，你觉得这两个场景中的哪一个场景让你觉得更安全呢？虽然场景二中只是多了一圈矮矮的篱笆墙，我们也心知肚明这个篱笆墙并不能起什么作用，但从心理感受上讲，我们都会觉得具有篱笆墙的场景是一个更加安全的环境。其实在道德中所说的“个人安全规范”就是场景二中那一圈矮矮的篱笆墙，没有这一圈篱笆墙你就会没有安全感，看似可有可无的篱笆墙是可以给你带来真正安全感的保障，对于人类生存而言，这一心理的安全保障就是道德给予你的。从人性及思想意识形态的产生及发展角度分析，道德应该是伴随着伦理意识和良心而产生的，并经过一代代继承和认可的标准。从这个意义上讲，“个人安全规范”层面的道德一定会受其所处时代、环境的社会规范的影响，因此，我们可以这样说明“个人安全规范”层面的道德，即可通过教育与学习所传承的、社会生存必需的、最为基本的规范。这个规范包括人处理环境事务的安全做法，包括人与人之间相处的安全规则，更包括个人在社会中生存的基本安全法则。

在“平台教育理念”中，“个人安全规范”层面的道德是需要教育者（包括家庭、学校、社会）通过演示、教授、提醒、强制等手段确保学习者可以获得并熟练掌握的，因为这些基本的“个人安全规范”是每一个人在社会中生存、适应和再创造的基础。“个人安全规范”层面的道德是“平台教育理念”中教育者实施教育时的基础内容，更是“平台教育理念”中学习者进行学习活动时学习的基本内容。

下面，让我们将关注点放到道德的第二层含义上——“社会责任底线”层面的道德。如果说“个人安全规范”层面的道德是个人能够在社会中游刃有余生存的安全保障的话，那么“社会责任底线”层面的道德就是为创造更加美好的社会而尽自己一份心力的责任。所谓“社会责任底线”层面的道德，听上去感觉很大很空很虚，但实际上却是那样的必要，那样的容易操作，用祖先给我们留下的两句成语就完全可以将“社会责任底线”层面道德的内涵诠释到位，这就是“己所不欲勿施于人”和“天下兴亡匹夫有责”。

我们先来看一看“己所不欲勿施于人”。很好理解吧，简单地讲，“己所不欲勿施于人”就是先认清“己所不欲”，然后按照“己所不欲”的标准推广开来，设身处地地为别人着想，至少不要对别人做“己所不欲”的事情。如此简单的一句话，想要真正做到、做好却是一件极难的事情。世界上如此众多的人们，每一个都拥有自己的独特性，如果只是片面地从自己的角度考虑“己之不欲”，那么势必会忽视和漠视别人与自己不同的需求和特性，甚至会武断地用自己的欲求去推断别人的感受，如果在这样的前提下，进一步粗暴地做出“施于人”或“勿施于人”的决定，那么“己所不欲勿施于人”的美好道德就将会被野蛮、自私的实际操作所取代，进而不仅不会成为关乎社会责任的道德底线，反而有可能成为一种冠冕堂皇的陋习。

为了避免“己所不欲勿施于人”可能造成的负面极端效应，进而使“己所不欲勿施于人”成为“平台教育理念”中所提及的道德标准，首先就需要尽可能丰富且全面地了解什么是“己所不欲”，并在此基础上切实地理解“己所不欲”的真正含义，然后再运用合理的实操方法去实践“施于人”或“勿施于人”。

那么，如何能够全面了解“己所不欲”是什么，又如何理解“己所不欲”的真正含义呢？合理的实践方法到底又是指哪些？从一个人的成长来看，我们会发现，“己所不欲”的内容会随着年龄、成长经历、人生阅历、生活环境、知识水平等的变化而发生改变。一个小孩子所不希望发生的事情往往和一个成年人是不同的，一个阅历丰富、知识水平较高的人的“己所不欲”自然也与阅历浅、知识水平较低的人不同。因此，“平台教育理念”所理解的“己所不欲”是一种动态的过程，而不是一个静止的状态，努力拓展自己的视野，努力增加自己多方面的知识，努力让自己的经历丰富起来，努力地去接触、了解、理解不同的人们……才是全面了解“己所不欲”的最佳方法。不断思考"己所不欲"和"人所不欲"的区别与联系，不断理解"己所欲"与"人所欲"的相同与不同，不断体会"己之感受""人之感受"，进而以一种平和的心态去认识到"己之欲，也许是别人之欲，也许非别人之欲；己之不欲，也许是别人之不欲，也许非别人之不欲"，才能理解"己所不欲"的真正含义。理解了"己所不欲"的真正含义，才能尊重别人和尊重自己，在具体事情、具体环境中，面对不同人的不同需求和欲望，才能平和地面对，才能公平地处置，才能让每一个人都能得到顺畅的表达，有足够的能力寻找到使群体中大部分人的欲求得到满足的方法，使整个社会群体的文明程度得到新的提升。所谓合理的"施于人"或"勿施于人"的实践方法应该是在群体的"己所欲""己所不欲"得到充分表达和理解的基础上，通过协商、总结和规定，进而创设出的促进整个社会文明发展的道德实践标准。"平台教育理念"希望促使每一个人的知识变得更加全面，阅历变得更加丰富，视野变得更加拓展，使每一个人真正地理解"己所欲"和"己所不欲"，并且在此基础上进一步清晰地了解"人所欲"及"人所不欲"，从而让自己的思想更加完善，心态更加平和，在"施"与"勿施"的操作过程中可以更加合理、更加游刃有余。这样的"己所不欲勿施于人"才可以成为"社会责任底线"层面的道德基础。

接下来，我们再来说说"天下兴亡匹夫有责"。道德之所以能够成为促进每一个人内心强大，使每一个人全面发展的基石，事实上是因为道德可以给了人们充分的安全感和无尽的驱动力。由于

“个人安全规范”的存在及群体理解的一致性（即“己所不欲勿施于人”这一社会责任底线给人们带来的群体理解），道德给予了人们充分的安全感；由于灵魂中与生俱来的利他性和群体理解为人们带来的悲悯之心及豪迈气质，促使道德为人类的发展注入了无尽的驱动力。

从目前的整体教育背景及现阶段人类思想意识形态的发展来看，“责任”作为当前时代道德中“社会责任底线”的另一重要组成部分是合理的也是必需的：对个人负责，可以让个体的发展顺风顺水；对国家负责，可以让一个民族、国家飞快向前；对天下负责，可以让我们的星球美好无比……因此，作为这个星球上的每一个人，如果能够将“天下兴亡”想作是“我的责任”，那么，这样的责任感将会为我们每一个人注入源源不断的道德驱动力。“平台教育理念”所描述的道德也正是基于此，我们认为“天下兴亡匹夫有责”既是一种“社会责任底线”的道德愿景，也是事关每一个人道德培养的切实诉求，在“平台教育理念”框架下培养出来的人应该也必须具备胸怀天下的气度，具备悲天悯人的情怀，具备舍我其谁的担当，具备以天下兴亡为己任的豪迈……因为我们相信，只有具有如此胸襟的人才能够具有强大的内心，才能够具有促进自我全面发展的动力，才能够具有促使自我终身学习的信念。培养出这样健康、乐观、“多”“广”“全”的人，正是“平台教育理念”所追求的教育理想。

现阶段“社会责任底线”中“天下兴亡匹夫有责”所提及的

"责任"具体指什么呢？回答这个问题，让我想起了曾经听过的一个演讲，这个演讲来自中国台湾忠信学校校长高震东先生。高先生在演讲中生动地解释了"天下兴亡匹夫有责"中"责任"的含义，让我颇有同感，因此，下面摘录一些高先生演讲的片段，以说明本文中"责任"的具体所指。

很多人为兴趣而读书，岂有此理！读书有什么兴趣？真正目标不应是兴趣，而是责任，在责任当中找到兴趣，但不能用兴趣代替责任。越在黑暗中越做光明的事。

"天下兴亡，我的责任"，唯有这个思想，我们的国家才有希望。我们每个学生如果人人都说：学校秩序不好，是我的责任；国家教育办得不好，是我的责任；国家不强盛，是我的责任……人人都能主动负责，天下哪有不兴盛的国家？哪有不团结的团体？所以说，每个学生都应该把责任拉到自己身上来，而不是推出去。

校园不干净，就应该是大家的责任。你想，这么大的一个校园，你不破坏，我不破坏，它会脏吗？脏了之后，人人都去弄干净，它会脏吗？你只指望几个工人做这个工作，说："这是他们的事。我是来读书的，不是扫地的。"——这是什么观念？你读书干什么？读书不是为国家服务吗？眼前的务你都不服，你还能为未来服务？当前的责任你都不负，未来的责任你能负吗？

爱国可有两种，一种是积极爱国，一种是消极爱国。积极爱国是为国家创造财富，消极爱国是为国家节省财富。国家用那么多百姓的民脂民膏来供你读书，你还浪费国家的财富，你良心何在？你上大学都如此，怎么能期望于中学生、小学生呢？怎么能期望于一般老百姓呢？你高级知识分子都不爱国，怎么能让老百姓去爱国呢？从自己身边做起，我们国家才有希望——这就是“天下兴亡，我的责任”积极负责的道德观念，这就是道德教育。

我们要有“勿以善小而不为，勿以恶小而为之”的道德观念。天下有大事吗？没有。但任何小事都是大事。集小恶则成大恶，集小善则为大善。培养良好的道德，是从尊敬老师开始的，是从那很小很小的事开始的。这种道德是慢慢建立起来的，而不专门找到大事才干。

大家读了高先生的演讲片段后，相信已经明白“天下兴亡匹夫有责”这一“社会责任底线”的具体含义了；通读完有关道德底线的所有文字，相信大家对“平台教育理念”所说“道德底线在促进人类全面发展的过程中不可或缺”的具体所指也能了然于胸了。

在“整体论哲学”哲学观的基础上，通过“多”“广”“全”的教育，使每一个人都能得到全面的发展，使每一个人都拥有“无限的容积”（具有海纳百川的强大内心）、“坚固的外壁”（具有强健的体魄）和“发酵出美酒的能力”（具有融会贯通和自我反思与创造的能力），使每一个人都有能力去寻找、去选择、去发现、去改造、去创新让自己信服的、可以给予自己力量的、属于自己且有益于人类进步的思想意识形态，从而让每一个人都能拥有属于自己的美好人生。

这，就是“平台教育理念”希求达成的、对每一个人发展的真正价值。

第二部分

“平台教育理念”中的教育者

怎样帮助每一个学习者“认识真正的自我”，怎样帮助每一个学习者“找到适合自己发展的、‘多’‘广’‘全’的教育资源，进而促使其全面地发展”，怎样帮助每一个学习者“获得其自己信服的思想意识形态并在此基础上不断地自我发展进而获得属于自己的幸福”，是教育者在“平台教育理念”的具体教育实施时最为核心的内容。

第五章　教育者的价值

从教育实施的角度思考，教育的过程本质上就是“供给”与“接受”的过程，在教育过程中提供“供给”功能的即是教育者，而“接受”方即为学习者。正是因为如此，教育者与学习者成为“平台教育理念”中的两个最基本的要素，在接下来的章节中，我们将分别以教育者与学习者作为研究对象，通过对他们的分析与讨论，为“平台教育理念”核心价值的实现提供保障。

在“平台教育理念”中，每一个人既是教育者的身份，也是学习者的身份。从教育的角度进行思考，教育的交互过程本质上就是教育者与学习者之间的相互促进过程，因此，即使是当教育者与学习者在同一时间、同一个人身上存在的时候，教育者与学习者的角色与功能也是有着很大不同的。对于每一个人来说，终其一生的整体教育过程，其实就是不停地在教育者与学习者角色转化之间不断提升的过程。

在教育实施过程中，教育者与学习者的互动，本质上就是“供给”和“接受”两个方面的互动。教育者是教育资源的供给侧，而学习者则是教育资源的接受方，如何让学习者能够有效地接受、转化、提升，成为摆在每一个教育者面前的重要课题。在“平台教育理念”中，以教育者身份存在时的每一个人，做好教育资源供给侧的工作将是其最为重要的任务，做好教育供资源供给侧于教育者而言，既是促使他人发展的过程，更是促使自己进步的过程。

虽然教育者与学习者可以在每一个人身上同时共存，但为了更好地论述“平台教育理念”中教育者的相关问题，在下面的文字中，教育者将以一种专业化的形式出现，其作用就是作为供给侧更好地为学习者提供资源，帮助学习者更好地学习。

一、从精英教育与教育均衡说起

为了将“平台教育理念”中教育者的价值描述清晰，请允许我们从精英教育与教育均衡的话题切入，先来谈一谈教育资源供给侧的问题。

一直以来，精英教育与教育均衡就像教育中的一对双胞胎，总是被人提及并比较，尤其是当教育呈现出一些问题的时候，关于这对双胞胎的讨论就变得更加激烈。其实在我们这个“正反合”不断演进的、“中庸性”的“辩证”社会中，问题一直会是存在的，因为存在问题才能促使我们去思考问题、解决问题，进而再进一步发现问题……整个人类社会就是在这样的"发现—思考—解决—矛盾—再发现—再思考—再解决—再矛盾……"的过程中不断前进的，因此，我们不怕问题，我们需要做的是静下心来认真地思考这些问题。

在我看来，无论是"精英教育"还是"教育均衡"其实都不是问题的关键，问题的根源所在其实是现阶段我们不切实际的贪婪与贪心。不是吗？！中国教育的困境，主要就是我们太贪婪，我们太贪心，什么都想要，我们既要基础扎实，又要培养创新能力；我们既要教育均衡，又要培养杰出人才；我们既要限制补课，又要以升学率来评价学校和教师……我们始终没有敢于选择和放弃的勇气，更没有把教育与社会和人的发展关系梳理清楚，从而缺少一个坚定不移、始终如一的价值追求。

那么，是什么把我们变得如此贪婪、如此贪心呢？我觉得原因主要有两个方面。

其一，我们所认为的教育只是阶段化的，并没有将教育延伸成为终身需求的一部分。这种对教育阶段性的理解，势必会造成我们自己的恐慌，让我们自己失去理性的思考，让我们自己失去优雅、淡定的规划，因为对教育阶段化的认识让我们觉得自己的时间实在是不足，让我们觉得在有限的时间里如果没有在这个阶段获取到足够的资源，就会造成人生的失败，因此，所有的人都放弃了对教育理性的规划，而选择了漫无目的地、贪婪地攫取，生怕"一落后成千古恨”。正是因为这个原因，使得家长没有选择地为孩子报各种补习班，把孩子当作机器一样累得要死，家长费心、费力、费财不说，最后还落得个亲子关系焦灼、天伦之趣尽失的后果；正是因为这个原因，使得学校和教师不遗余力地压榨孩子们的时间和精力，生怕孩子在这个阶段有所闪失而遗憾终生，最后却适得其反，不但使得孩子在这一阶段教育的成本收益率极其低下，而且还造成了孩子对学习兴趣的毁灭性伤害，甚至让孩子失去了以后享受学习的愿望和勇气，一旦没有人“逼着”的时候，就会坚决地放弃学习，决绝地摒弃自我教育；正是因为这个原因，使得整个社会变得浮躁不安，大量的人成为“精致的利己主义者”，在他们的眼中只有习惯性的无足厌获取，而不可能有胸怀天下的利他意识。因为没有对自我教育的渴求与敬畏，就会让人失去自我控制的欲望和能力，自我教育的约束一旦丧失，人就会像一匹脱缰的野马，变为视野和心胸极为局促狭隘的人。

其二，人们对自我认识的不成熟、不理性，造成了人们的选择障碍，造成了人们失去选择的勇气，造成了人们对教育价值理性思考的茫然与缺失，最终造成了人们“什么都想要”的贪婪与贪心。我们的教育现状像是进入了一个死循环中，“失去了自我”的每一个人都觉得教育好像有什么问题，但每一个人又都在走着前人走过的老路，最终非但于事无补，反而愈演愈烈，这也就是产生“一边咒骂着补课，一边不断让孩子补习”这个怪现象的症结所在。

在我看来，要想破解这种贪婪症，解决这种贪心病，必须从每一个个人入手，从了解自己、认识自己的真正需求开始。其实每一个人在不同人生发展阶段都会有不同的需求，如果每一个人都能够清楚地认识到这些需求其本质上只是整个人生中各种需求的一部分，那么人们就不会太过着急，也不会太过贪心，他（她）们知道，即使这些需求都是必须要追求的，他（她）也完全有时间，更有机会将这些需求进行思考、梳理和选择，然后再有计划地、重点突出地一项一项去达成，完全没有必要一下子全部达成，因为人生很长，在人生中的任何阶段我们都可以认真地思考、梳理和选择，很多需求完全可以把它分配到不同的生命阶段去达成，不必急在一时。我们完全没有必要把学钢琴、学奥数、学跆拳道、学舞蹈、学外语……都挤在10岁之前，我们完全可以从容地听从自己内心的召唤，用整个一生的时间去规划学习钢琴、学习奥数、学习跆拳道、学习舞蹈、学习外语……如果我们能够将“整个人生”作为自身教育、自身发展的规划基础，那么面对任何事情，我们不但可以变得从容不迫，而且还能够始终如一地保存我们那颗“旺盛而热情的心”，因为我们知道，人生中除了那些必需之外，一定还有更多的、更有意思的事情可以被我们发现、探索和完成。用这种心情做教育，在这样的心态下接受教育，会让人静下心来，认真思考自己，认真去寻找现阶段的兴趣与需要，并以这个兴趣和需要为基础认真努力，变得没有那么贪婪，没有那么贪心。

去除了贪婪与贪心的人，才有机会从容不迫地思考人生每一阶段的兴趣，才有机会去理性地选择自己现阶段的需求，才有机会有条不紊地为自己（当孩子需要的时候也可以为孩子）做出必要的规划。从终身教育的角度思考，我想在每一个人每一个生命阶段的规划中都会有“基础性”教育的需求，因为这一部分是每一个人都需要的，那么这一部分应该是“均衡”的；自然，在每一个人每一个生命阶段的规划中也会有适合自己的“特殊性”教育需要，因为这一部分是每一个人根据自身需要选择的，那么这一部分应该是“精英化”的。也就是说，所谓的精英教育与教育均衡，在我看来不应该成为教育的目标，而应该还原其本质，也就是为各种不同教育需求者提供的教育资源，作为教育资源的精英教育与教育均衡应该是服务于学习者思考与选择的。

对于社会而言，从教育资源供给侧的角度思考，既需要提供足够充分的教育均衡式资源，也应该供应足够多样且深入的精英教育资源，让每一个人在每一个人生阶段都可以依据自己的需要和选择获得必要的帮助。资源的有效保障，可以让每一个人进一步意识到“教育并不是阶段性的贪婪，也不是眉毛胡子一把抓的贪心，而是应该去充分理解自身、明白自身阶段性及终身性的需求，该舍弃就舍弃，该追求就认真获取资源努力的生命过程”。从这个层次上思考教育，我们会发现，教育确实不是一个人自己的事情，而是全社会都需要参与进来的群体生命过程，更为有意思的是，这个群体的生命过程是建立在群体中每一个个体的理性思考与选择基础上的，这就促使我们把教育的本质引向了哲学。如果沿着这样的思考拓展开去，我们还可以将教育的问题不断地进行延伸，不过再延伸下去就不是本节指向的重点了，因此还是暂且打住，让我们把讨论引向更为具体的实施过程。

很多刚刚接触"平台教育理念"的朋友会有这样的担心："平台教育理念"是一种广博、庞杂的教育过程，总是希望给予学习者更多、更全面的资源，因此，在实施中会不会更倾向于"做加法"，从而增加学习者的负担呢？其实这样的担心完全是一种误会。"平台教育理念"确实希望在教育的供给侧方面为学习者提供更多的机会、更广博的视野、更全面的角度、更多元的资源，但从教育实施的角度（及教育的接受侧）讲，则更希望发挥学习者的主动性，让学习者具有自主选择的能力，并在理性选择的基础上规划自己，并进行"精致化"的学习。即使对于那些希望在很多领域都想深入研究的学习者，"平台教育理念"也认为这种多维度的深入学习过程并非是一蹴而就的，而是经过规划和认真思考后，逐步完成的一种"精致"的终身学习过程，学习者在深入学习任意领域的时候都不是眉毛胡子一把抓的急功近利，而是一个能够全身心投入的、心无旁骛的、优雅的享受过程。换一种说法，即："平台教育理念"希望学习者在利用教育资源具体学习的过程中，做的是"减法"而并非"加法"。

要想帮助学习者在具体教育实施中做好"减法"，就要求教育资源供给侧在实施的过程中让"减法"成为一门艺术。这听上去似乎有些矛盾，在"平台教育理念"中教育资源的供给侧从资源提供的角度讲明明应该是"加法"，那么如何在实施角度做到"减法"呢？

这确实是一门艺术，一门蕴含着“正反合”哲学智慧的完美艺术。无论是从教育资源的角度还是教育者本身的角度思考，保障教育资源提供的丰富、多元、广博本身就已非易事，还要要求在供给侧“加法”的同时，做到在实施中达成举重若轻的“减法”，这确实只能用“艺术”这一最高级别的形容词来描绘了。为了能够将这一艺术进一步讲明白，我想以教育资源中非常重要的一环——教育者为基础来谈一谈“减法艺术”的内涵（为了方便，下面我们将以教师这一最为典型的教育者为例，讨论供给侧“减法”的艺术）。

我们常说“要给学生一杯水，教师要准备一桶水”，这句话在我看来，除了代表教师应该具有渊博的知识外，更代表了教师要有能够从一桶水中去粗取精地、因地制宜地、因材施教地选择出给学生一杯水的意识和能力，这个从一桶水到一杯水的过程恰恰反映了教师应该运用“减法”的规则进行“教”的特点。

“师者，传道、授业、解惑也”，这是我们更为耳熟能详的一句话，我认为这句话充分体现了教师帮助学生“学”的减法特征。在帮助学生进行学习的过程中，教师首先要做的是“传道”，所谓的传道，就是要将最为精华的、最能帮助学生事半功倍地进行学习的、最能促进学生未来发展的核心知识和道理“传”给学生，而不是没有选择地将所有“有的没的”的内容一股脑地“发”给学生，平白增添学生的负担，在我看来，不做“减法”的传道，就是一种不负责任的表现。所谓的授业，就是有目标地对学生进行高效的训练，以期能够帮助学生有能力更好地适应未来的生活，这个过程更加需要教师的"减法"智慧。启发方向、明析才智、因材施教，而不是假惺惺地一视同仁，不负责任地通法通行，在我看来，不做"减法"的授业，是对学生一种至为可惜的耽误。所谓的解惑，就是教师针对学生提出来的疑惑、问题，进行精炼、给力、具有启发性的解答，有效地帮助学生去除疑惑、解决问题的过程。"减法"的智慧是解惑的前提，只有教师有设计性地运用"减法"，才能为学生留出"可以惑"的探索空间，才能为学生提供"能够惑"的思考机会，才能让学生真正地参与到自我学习的过程中，才能让学生在"惑"与"解惑"过程中真正得到提升。在我看来，不运用减法，就很难启发学生"寻惑"的意识，没有"惑"和"解惑"的学生最终只能沦落为没有思考能力、没有学习能力、唯命是从的皮囊，从长远的角度看，这样的教育不是教育而是抹杀。

"亲其师，信其道"自古以来就是描述师生关系的名言，毫无疑问，良好的、有质量的师生关系，是实施教育的关键，毋庸讳言，在师生关系的处理上也是需要做"减法"的。现代教育中，"关心则乱"的教育遗憾比比皆是，很多教育者（包括教师和父母）都是打着关心的旗号实施着压迫的行为，在我看来，其根源还是教育者"减法"做得不够。不错，学生是受教育者，但首先学生是人，人与人之间的交流是需要空间的，是需要彼此舒服的，单方面的、过度的给予和所谓善意，会造成对方的局促和不舒服，因为这样的给予让作为人的学生没有时间思考自己，进而丢失了自我。生命中追求舒适、寻找自由的内核在这个时候会不断地、下意识地利用"局促和不舒服”提示着生命本身进行反抗，因而出现了各种“关心则乱”的荒诞与悲剧。试想一下，如果作为教育者的我们能够做些“减法”，有智慧地帮助我们的学生在“舒服”与“不舒服”之间找到黄金分割点的平衡，那么，我们的教育必将会变得既舒适又有效。也就是说，教育的舒适与有效应该是来自“减法”的智慧，而不是来自单方面的、盲目的“加法”。

如前所述，“做减法”从技术层面讲应该成为教师的职业特色，但如果想把它提升到艺术的高度则需要教师下更深的功夫。我理解的“减法艺术”，应该是通过教师的“减法”过程，最终能引导、启发出学生自主的“加法”“乘法”，甚至“开方”的终身学习过程。师者用“减法”帮助学生建立了坚实的发展基础，激发了学生浓厚的学习兴趣，为学生的生命提供了最为关键、最为核心的知识、逻辑、方法和思想铺垫，在这样的基础上，学生有了强烈的学习意愿，有了强大的学习能力，有了强悍的学习动力，这样的状态才可以帮助学生获得他（她）自己想要的人生和幸福。如果教师的“减法”达成了以上的目的，我想，其“做减法”的职业特色也就转化成了“减法艺术”，显然，这样的“减法艺术”需要教育者付出更多的心力。

读了上面的文字，我相信大家应该对“在教育实施过程中教育者（教育资源供给侧）的作用”有了更为深入的了解，这样的了解有助于我们进一步理解教育者（教育资源供给侧）对于教育实施的重要价值。教育者在教育实施中宏观层面的“作用与价值”不难理解，困难的是教育者在微观层次上的教育实施时如何针对具体问题进行指导，这正是接下来要解答的。

二、低眉慎思，惬心贵当

谈到“教育者在教育实施时微观层次上的具体指导”（下面简称为“师之指导”），这可谓是任何时代的热门话题，古今中外，对于教育中“师之指导”的思考与实践简直是不胜枚举。从人发展的角度思考开去，我们会发现，无论谁的发展都离不开“师”的指导。此处的“师”不单纯指学校中的教师，也指父母和一切对人的发展有指导价值的人和事（当然也包括自己本身）。“平台教育理念”对于“师之指导”的理解一言以蔽之就是：为了促进每一个人的自主发展。

接下来，请允许我从当下的教育大背景出发，以教师作为教育者（即“师”）的代表，通过分析“师之指导”的现状，指出当下“师之指导”的一些值得商榷之处，并提出以促进每一个人自主发展为取向的“师之指导”的一般策略与指导模式。

背　景

关于“平台教育理念”中“师之指导”的思考，背景有二。

其一，当下教育的大背景所需。与时俱进的教育改革是任何时期都需要持续进行的工作，当前国家正在进行着一场对于国家、民族未来发展具有深刻影响的教育改革。为了培养和选拔出适应未来发展的、具有自主意识的、具有创新能力的人才，国家在基础教育阶段的课程与考试改革可谓是用心良苦。各个科目的新课程改革，均更多地强调学生的观念更新、全面发展和综合能力提高，均有意识地将培养学生的自主意识和创新精神作为教育的重点。与新课程改革相适应，新的高考评价改革更是给予了学生充分的自主选择权利，以期通过这样的评价形式促进学生的自主、全面发展。在这样的新形势、新背景下，无论是作为指导者的教师还是作为学习者的学生都面临着巨大的机遇与挑战，机遇来自于新形势、新背景下的创新动力与活力，而挑战也确实不小，因为从何创新、如何发展，对于广大的教师和学生而言还确实需要一个思考和适应的过程。与传统的学生学习方式和教师指导方式相比，新形势、新背景下的教育，更需要教师为学生提供足够的空间和资源，更需要学生的自主发展意识与自主发展选择，如何更好地指导学生发现自我的真正需求、如何更好地指导学生选择适合自己的方向、如何更好地为学生提供足够的资源、如何适当地针对学生所需进行有效的指导……这一系列问题都非常值得广大教师认真思考和探索。

其二，当前"师之指导"中"教师指导学生的意识、方法、策略亟待解决"使然。古往今来，"师之指导"在教育实施中具有不可或缺的作用，这一点毋庸置疑。传统教育中的"师之指导"往往是教师占据绝对的主导地位，在"师"字的光环下，教师往往在进行教育指导的过程中过于经验主义、过于自以为是，在指导意识层面思考不够、在指导方法层面过于单一、在指导策略层面缺乏科学性。这样的"师之指导"不但无法满足当前学生们的需求，更不可能帮助学生们更好地面对未来，如果对这样的"师之指导"听之任之，那么"培养和选拔出适应未来发展的、具有自主意识的、具有创新能力的人才"将可能会成为一句空谈。因此，思考和探索在新形势、新背景下更具效率的"师之指导"策略方法，显然是非常有价值且急需的。

鉴于以上的原因，我想以"低眉慎思，惬心贵当"作为本节的标题，来谈一谈对以促进每一个人自主发展为取向的"师之指导"的思考。标题中的"低眉"，是想警示教育者在指导学习者时需要放下轻蔑之心，以一种平等甚或仰视的心态面对学习者、面对学习者的指导工作；标题中的"慎思"，是想提醒教育者在指导学习者时要避免草率之行，以科学严谨、认真审慎的态度面对学习者、面对学习者的指导工作；标题中的"惬心贵当"，是想告诫教育者在指导学习者时应合情合理、因势利导，以促进学习者拥有自主发展的意识、帮助学习者在不断的自我反思中努力前行。作为教育者的典型代表——教师，在对学生进行指导的过程中，尤其容易犯"以己度人”的盲目错误，在很多情况下，正是因为“以己度人”的不慎重，常常使师者出现“满不在乎”的轻蔑之心、出现“毫无所谓”的草率之行、出现“不据现实、不合情理”的处置之过。对于学生而言，师者往往处于一个无论在生理还是在心理抑或在经验上都具有优势的地位上，也许正是因为这样的角色位置，才使得师者具有很高的心理身段，在对学生进行指导的过程中，经常由于放不下这种心理身段，无法摆正自己的位置。细细想来，作为师者，一切的指导其实都是为了学生未来能够更好地发展，如果师者在指导学生之时能够始终抱有这样的初心，能够设身处地地从学生发展的角度多想一点点、多做一点点，那么我想“师之指导”这件美好的事情，不但可以成为让学生终身受益的过程，更会成为师者完善自我、持续进步的幸福追求。综上所述，之所以以“低眉慎思，惬心贵当”这个题目概括本节中的所思所想，就是想提醒师者：为了学习者的发展，应该放下“心理身段”，变身成为学习者的“资源”，以“促进每一个人的自主发展”为取向，帮助其发现“真正的自己”进而为自己的未来进行设计、促进其进行“深入的自我思考”进而进行自我建构、助力其寻求“必要的资源”进而在自我实现中建立自信，并在必要的时刻给予其“当头棒喝”，进而促使其拥有“终身发展”的欲望和持续努力的责任感与行动力。

“师之指导”的现状

在最开始思考“平台教育理念”中“师之指导”的原则、策略和模式的时候，我特地从学生（代表学习者）的角度就同一个问题情境访谈了五位教师（代表当前的教育者），五位教师中有工作30年、经验丰富且多年从事班主任工作的教师甲，有初出茅庐、刚刚任职的教师乙，有工作15年、年富力强的教师丙，有长期担任行政管理工作的教师丁，还有长期从事学生心理指导工作的教师戊（出于对教师隐私的保护，这里并未使用教师的真名，而采用甲、乙、丙、丁、戊来指代）。我的问题情境是：作为高一、高二年级学习成绩中等的学生，我应该怎样做才能快速提高自己的学习成绩?

面对“学生”的求助，五位教师分别给出了这样的指导方案：

教师甲：根据经验，高一、高二学习中等的学生主要问题在于其学习习惯与学习效率，最可能出现问题的环节是课堂听讲和在家自主学习，所以，我会建议孩子上课要认真听讲，不能开小差，要跟住老师，回家要专时专用讲求效率。具体做法包括：制订计划，养成规律生活、规律学习的好习惯，晚上不要太晚睡，这样就能保证上课时不犯困；上课时要动手记笔记、跟住老师进行思考，这样就不容易听课走神；回家后把手机放一边，先完成作业与学习任务，再做其他的事情，确保学习效率的提高。

教师乙：根据我自己的学习经验，高一、高二的学习其实跟住就好，等到高三再发力，确保自己有后劲。高一、高二学习中等的孩子说明其基础还是不错的，按照现在自己的学习节奏继续努力即可，等到高三的时候再通过大量刷题的方式进行高强度训练，学习成绩一下子就会有很大提升的。所以，我会建议这个学生不必着急，放松心态，维持现有的学习状态，积蓄力量，到高三再集中精力进行突破，一定会有很大提升的。

教师丙：根据我多年的教学经验，高一、高二是一个很关键的时期，这个学习中等的孩子能够在高一或高二有意愿提升自己的学习成绩，这一点很值得表扬和鼓励。我会趁着这个孩子正有努力意愿和热情的时候对他提出更高的期望和要求，我会帮他分析薄弱科目及原因，帮他寻找相关科目的老师有针对性地对他进行帮助，比如针对他的情况进行作业量和作业难度的调整等，总之，我一定会帮他把成绩提高上去的。

教师丁：这个学生希望快速提高自己的成绩，这很好，我们应该鼓励他，帮助他。如果孩子向我寻求帮助，我会提醒他分析自己在学习上有什么问题，找到自己学习的问题节点，然后针对这些问题有针对性地去找更专业的学科老师进行指导，我相信，只要孩子能够发现自己的问题所在并有针对性地进行解决，就一定可以提高成绩的。

教师戊：作为心理老师，我首先会肯定这个孩子的学习动机，并进一步帮助其进行更深层次的动机探索，帮助他发掘出自身的欲望和动力，这样，这个孩子就会自己想办法去解决问题。我相信每一个孩子都可以依靠自己的力量持续进步。

从以上五位教师针对“作为高一、高二年级学习成绩中等的学生，我应该怎样做才能快速提高自己的学习成绩”这一问题的指导建议中，我们不难发现以下一些特点：

其一，当前教师们在指导学生的过程中更多的是基于自己的专业和经验，在指导时占据绝对的主动地位，很少反问学生问题，很少与学生进行更多的沟通，很少关注和询问学生即时的想法。

其二，当前教师在指导学生的过程中更多的是直接提供建议，很少启发学生进行更为深入的主动思考。

其三，当前教师在指导学生的过程中更多的是以自己为资源来给予学生帮助，很少运用“帮助学生拓展可用资源”的方式来提高指导效率，在以上五位教师中，虽然丙、丁、戊三位教师均提到了寻找其他更多老师（资源）来帮助学生，但丙教师完全垄断了资源，没有给学生任何选择，而丁、戊两位教师又过于放手，仅仅告诉了学生有其他资源可以利用但没有给予任何实效性帮助，这样的指导效率显然是低下的。

其四，从被指导学生的角度进行设身处地的思考，我们不难发现，以上五位教师的指导虽然都具有一定的建设性，但无论依从哪一位教师的指导对于学生来说都是欠缺“自主”的主动性的，每一位教师给的建议都具有价值，但这些价值都只是针对“教师认为学生应该如何”，而不是“学生主动需求的选择”，这样的“师之指导”

更多地将学生变为客体性的执行角色，而不是面对问题主动需求与选择的主体，这样的“师之指导”其即时的有效性与影响的持久性都是值得商榷的。

虽然五位教师的想法和做法并不能代表当前所有教师（毕竟样本量太少），但从行动研究的角度思考，这五位教师指导学生的方式还是很具有代表性的。当前现实中，教师指导学生时确实存在“过分依赖经验”“过分以己度人”“发挥学生自主性欠缺”“指导资源单一且合作不够”等不足。鉴于现实中存在以上诸多问题，作者认为，更有效率的“师之指导”应该是一种以促进学生自主发展为取向的过程，在这个过程中其核心应该是学生，而不是指导。指导的方法不少，指导的内容也可以很多，但如果“师之指导”不是学生的需求与关切，不是学生自主生发的愿望，那么这样的“师之指导”至少不能算是有效的。更进一步说，“师之指导”的最终目标应该是给学生自由，让学生在安全的范围内拓展、试错、反思，最终找到适合自己的方式方法，而教师在这个指导过程中更应该扮演“启发人”“合作伙伴”“部分资源供给方”与“建议者”等角色。

以促进每一个人自主发展为取向的“师之指导”

指导前充分了解学习者的真实需求，是以促进每一个人自主发展为取向的“师之指导”有效性的前提条件。

提出以促进每一个人自主发展为取向的“师之指导”，正是希望针对当前“师之指导”的一些弊端提出一些改进性建议。以促进每一个人自主发展为取向的“师之指导”其核心是学生（即作为学习者的每一个人），因此充分理解学生是“师之指导”的基础，更是师者进行指导的首要前提。正因如此，充分、深入地理解学生成为以促进每一个人自主发展为取向的“师之指导”的首要策略。

充分、深入地理解学生，可以从共性与个性两个角度进行。

借助最新的发展心理学研究成果去理解学生的共性特点是一个不错的方法。以中学生的心理发展为例，我们可以发现以下的一些共性特点：

1. 抽象思维越来越普遍，使用形式逻辑来考虑抽象问题。

2. 相对的而非绝对的思维占主导地位。

3. 语言、数学和空间技能有所提高。

4. 青少年能够做假设性的思考、分配注意力，并通过元认知对思维进行监控。

5. 青少年发展出自我中心主义，觉得自己总是别人注意的焦点。自我意识和内省很有代表性。

6. 认为自己不会受伤害的想法会使得青少年忽视危险的存在。

7. 自我概念变得更有组织和精确化，并反映了他人的知觉。自尊开始分化。

8. 界定同一性是一个关键任务。同伴关系提供了社会比较，并且有助于界定可被接受的角色。受欢迎问题变得尖锐；同伴压力会加强从众行为。

9. 由于家庭角色被重新界定，青少年对自主性的寻求会造成与父母之前的冲突。

10. 性行为在同一性形成中发挥出重要性，青少年开始约会。

在进行以促进每一个人自主发展为取向的“师之指导”时，教师可以根据学生的这些共性特点分析学生的需求并给予适当且具有针对性的指导。

毋庸置疑，专业的研究可以帮助教师从共性角度理解学生的需求，但面对现实中的学生，只靠理论层面的共性研究显然是不足的。为了更好地理解现实中所面对的、有血有肉的学生个体，教师还需要做更为细致的工作。以下是作者近期所做的一项针对学生需求的调查，希望用此例为教师从个性角度了解学生需求提供一些启发。

该调查的采样范围是作者所教五个教学班的所有学生，共 209 人（74 名高二学生 +135 名高一学生）。作者首先运用问卷调查的方式进行了调查，问卷中只有一个问题，如下：

问题：面对目前你自己的困惑（包含你自己各个方面的困惑），你需要老师做什么？

A. 目前我没有什么困惑哟。

B. 目前我的困惑老师没有什么可以帮到我的，我也不太想与老师交流我的困惑。

C. 我很想与老师交流我的困惑，但不需要老师做什么。

D. 我很想与老师交流我的困惑，需要老师……（可写多项）。

调查后结果如下（在209人中）：

选择A选项的共有16人，其中高一12人、高二4人；

选择B选项的共有114人，其中高一89人、高二25人；

选择C选项的共有35人，其中高一26人、高二9人；

选择D选项的共有44人，其中高一8人、高二36人。

从统计结果不难看出，运用调查问卷这种形式了解学生的需求其效果并不理想。鉴于调卷问卷效果不明显，很多孩子并不愿意通过此形式与教师做深入交流，作者又利用作为班主任的班级（高二，36人），做了一次"同伴讨论"的研讨活动。作为教师，作者在黑板两边写下了"我的困惑"与"解决之道"，并告诉学生：每人拿便签纸自由地匿名写下自己的困惑，并贴到黑板上写有"我的困惑"的位置，都贴好后，由班长帮忙统计有哪些困惑；然后针对统计出来的每一个问题，大家再拿出便签纸，思考并写下自己觉得的可能解决之道，贴到黑板上写有"解决之道"的位置；再由班长组织全班共同针对每一个困惑的全部解决之道进行讨论，能够得到多数人认同的解决之道即可作为解决相应困惑的方案，如果某些困惑不能获得普遍认同的解决之道则算作需要老师提供帮助的困惑；最后由班长帮忙统计出需要老师帮助解决的困惑，并汇总交给老师。布置结束后，作为教师的作者退出了教室，将整个过程都交给学生进行自由的同伴讨论，以避免教师角色的存在会造成学生讨论的拘谨。

同伴讨论的过程为学生们提供了一次促进相互深入理解的机会和互为资源解决问题的合作方案，在这样的讨论中，每一个学生都成为问题的提出者，同时也是问题解决的决策者和参与者，每一个学生都在这样的过程中获得了自主与自信，在这样的讨论与合作氛围中，现场提出的大部分问题都能得到较为有效的解决。上述讨论过程正是如此。在此次讨论中，学生在现场提出的大部分困惑问题，均通过讨论得到了即时且圆满的解决，这个互为资源、共同提出并解决问题的同伴讨论过程，让学生感受到了自己的力量，认识到自己通过自主地寻求资源与方法是能够解决问题的，是能够很有作为的。这个自主提出问题并解决问题的过程，是现实生活中“师之指导”的重要指导策略之一，教师要充分信任学生、给予学生更多的空间和自由，让学生能够自主地进行选择与规划，通过自己和同伴的力量，解决更多的现实问题。当然，作为师者，除了要帮助学生创造这样自主的机会，更要把握住指导的分寸，对于学生现阶段无力依靠自己力量解决的问题与困惑，要及时、准确、有效地予以指导，要让“学生的自主”与“师之指导”有机地配合起来，有效地促进学生的发展。

经过以上的调查与同伴讨论，作者整理出了以下学生需要教师帮助的困惑：

1. 帮我及时解决学科问题，提高成绩。（高一 2 人，高二 20 人）

2. 帮我协调我和家长的关系。（高一 1 人，高二 19 人）

3. 特别严格地要求我，我是一个自律性差的人。（高二 2 人）

4. 指导我如何选课、选考，我们家为这事都疯了。（高一 6 人）

5. 很想谈恋爱，请老师帮忙。（高一 1 人，高二 9 人）

6. 不要把我们当作小孩子，尊重我们的想法。（高一 2 人，高二 22 人）

从以上的调查过程不难看出，作为教师想要真实地了解学生的即时想法是不容易的，这个过程需要教师的智慧与热情。根据以上的调查结果，可以明显感觉到学生（学习者）的即时需求确实有不少是符合其心理发展特点的共性问题，但同时也需要注意到作为一个个鲜活的个体，每个学生（学习者）也会有很多针对他们自身的即时性个性问题，无论是共性问题还是个性问题，在指导学生（学习者）之前进行充分有效的了解，是以促进每一个人自主发展为取向的"师之指导"的必要基础。

虽然此调查由于样本量有限且过于个性化，很难作为普适性的研究结论，但这样的调查过程即时性很强，比较便于教师在日常教育教学中进行实际应用，因此分享在此文中，希望能够给更多教师以启示，即在对学生进行指导之前，教师需要运用自己的智慧进行调查研究（即便此调查过程仅仅是一种行动研究模式，也是非常有必要的），以便真切地理解学生的即时需求，不要仅凭经验、仅凭“我认为”这样的武断思维就对学生进行指导。

以促进每一个人自主发展为取向的“师之指导”过程中的四个原则性思考

教师（教育者）在充分了解学生（学习者）的真实需求后，就应该开始着手思考给予学生（学习者）有效指导的具体方案了。以促进每一个人自主发展为取向的“师之指导”强调教师（教育者）能够针对学生（学习者）的个性需求做出适合的指导，因此，这个指导过程并没有一定之规，原因在于教师（教育者）所面对的需要进行指导的学生（学习者）其需求都是不同的，即使有些学生（学习者）需求相同，但由于每个学生（学习者）个体自身性格、经历、思维方式等多方面特点的不同，也要求教师（教育者）做出不同的指导方案，以帮助不同的学生（学习者）得到发展。

虽然以促进每一个人自主发展为取向的“师之指导”在方法上并没有一定之规，但指导过程中还是有一些共性的原则性思考需要和大家分享，以启发教师（教育者）遵循这些原则性思考去寻找适合自己、更适合所指导学生（学习者）的指导方式和方法。

原则性思考一：帮助学生（学习者）发现其“现有的困惑”和“真正的自己”，使其有愿望、有勇气面对现在、设计未来。

学生（学习者）在现实的学习与生活中遇到困难是一件很正常的事情，但在与很多学生交流时作者发现，大部分学生在面对困难的时候选择了“逃避”，甚至有一部分学生更为直接地选择了“无视”，而这种“逃避”和“无视”的结果是：很多学生都不知道自己到底想要什么、想怎样发展，最终将自己的未来命运寄托给家长、寄托给老师、寄托给别人，希望让别人帮助自己做主、帮助自己规避困难。这种对自己未来的“愿望”和“勇气”的消失是非常可怕的，其不单是一个简单的“自我设计”问题，如果大量学生均是如此的话，它甚至会影响到国家、民族的未来发展。试想一下，如果社会中大量的人都无法面对真正的自己、都不能勇于面对现实的困难、都因为对未来的茫然而不知所措，那将是何其悲哀。作为师者，作者认为，在对学生进行指导的过程中，首要任务就是帮助其发现“现有的困惑”和“真正的自己”，让其真正能够静下心来努力寻找对策，用极大的热情有愿望、有勇气面对现在，用非凡的自信敢于设计属于自己的未来。

原则性思考二：促进学生（学习者）进行“自我思考”，使其进行有意识的自我建构。

通过师者在“思考一”中的指导，学生（学习者）已经拥有了面对自我、舍我其谁的勇气，接下来“师之指导”的重点将会从

“意识”层次，过渡到“技术”层次。也就是说，在学生敢于面对真实自我、勇于克服现实困难、希望对自己的未来进行设计后，师者的指导就需要将重点放在“怎样做”这个层面上了。提醒学生进行更有针对性、更具体的“自我思考”，帮助学生进行更具可操作性的“自我设计”，促使学生进行有意识的自我建构，将成为“师之指导”的重点。

原则性思考三：努力帮助学生（学习者）寻找和利用“资源”，使其在自我实现中建立自信。

在“思考一”中，师者帮助学生（学习者）拥有了勇气，在“思考二”中，师者帮助学生（学习者）拥有了计划，那么接下来就该是“行动”了。因为只有“行动”才能让学生真正理解自我、真正明白自己的价值和自己的所需，只有不断地“在行动中成功”才能给予学生真正的、让其充满勇气和力量的信心。在指导学生“行动”的过程中，师者需要给予学生更为充分的信任，千万不要越俎代庖，一定要让学生真正体会到“自己行动”的力量和价值。在这个指导过程中，师者的最大价值是“资源”，鉴于学生年龄和阅历的限制，很多想法确实不易实现，这时就需要师者帮助其寻找必需的“资源”，并指导其善加利用，最终让学生在一次次细小行动的成功中实现自我价值，建立充分的自信心。

原则性思考四：提示学生（学习者）要“宠辱不惊”、要“继续前行”，使其拥有终身发展的欲望和持续努力的责任感与行动力。

“思考一”中的“师之指导”，师者帮助学生（学习者）拥有了勇气；“思考二”中的“师之指导”，师者帮助学生（学习者）拥有了计划；“思考三”中的“师之指导”，师者帮助学生（学习者）利用行动力获得了成功与自信；那么接下来，作为师者，除了陪伴学生（学习者）进行有的放矢的自主发展外，还有必要成为其终身发展的“领航人”与“棒喝者”。作为师者，有责任提醒被指导的学生“宠辱不惊”“继续前行”；有责任在必要的时候进行“棒喝”，使其保持清醒；有责任助力他/她拥有终身发展的欲望和持续努力的责任感与行动力。学生是人，难免在面对成就时“飘飘然”而“停滞不前”，难免在遇到挫折时“心灰意冷”而“放弃自己的未来”。关注学生的终身发展与幸福，不但是师者的希望，更是师者的责任。所谓“一日为师终身为父”，应该就是对“原则性思考四”的最好诠释。

“子曰：‘不愤不启，不悱不发，举一隅不以三隅反，则不复也。’”从孔子的话语中我们不难体会到以促进每一个人自主发展为取向的“师之指导”的价值，这样的“师之指导”过程在两千多年前重要，在两千多年后的今天同样重要，不但如此，作为当今的师者，其实比孔子还要幸运和幸福，因为在今天以促进每一个人自主发展为取向的“师之指导”过程对于师者而言也是一个成长的过程，当我们把“关注学生终身自主发展”作为“师之指导”的基础时，师者的指导一下子会变得游刃有余起来，这个过程中师者是“信息提供者”和“鼓励者”，是“可靠的朋友”和“共同进步的伙伴”，是学生（学习者）可以放心依靠的“坚强后盾”，更是学生（学习者）终身自主发展的“陪伴者”“领路人”以及“慈母”与“严父”。相信这样的“师之指导”是真正以促进每一个人自主发展为取向的，这样的“师之指导”过程，更是师者与学生（学习者）共同成长的过程，这样的“师之指导”不但是为了学生（学习者）的终身发展，也有利于师者的终身幸福。

三、释放—创建—自省

每一个生命都是不同的，针对每一个人的教育实施自然也不能简单地用硬性的一定之规进行拓模式的培养。生命的发展自然有其自我的价值与规律，因此，面对每一个都不太一样的生命，我们需要让其认识到真正的自我，然后寻找具体的方法进行针对性的教育实施，最终的目标是让每一个生命能够用自己的方式进行更新与发展，这种“每一个生命的更新与发展”既是自己寻求属于自我幸福的过程，更是促使整个人类社会发展的推动力。

怎样帮助每一个学习者认识真正的自我，怎样帮助每一个学习者找到适合自己发展的、“多”“广”“全”的教育资源进而促使其全面地发展，怎样帮助每一个学习者获得自己信服的思想意识形态并在此基础上不断地自我发展进而获得属于自己的幸福，是教育者具体实施“平台教育理念”时最为核心的内容。根据对以促进每一个人的自主发展为取向的“师之指导”问题的深入思考，“平台教育理念”提出了“释放—创建—自省”这一对于教育者具有普适价值的教育实施策略。

我们可以用下图来表示“释放—创建—自省”这一教育实施策略：

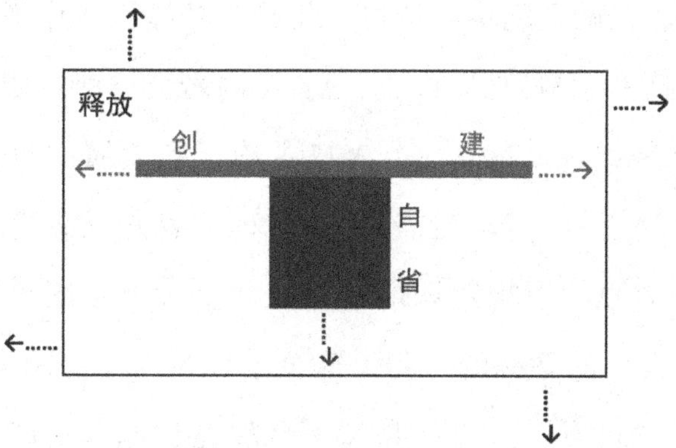

释放—创建—自省

所谓“释放”，就是指教育者帮助学习者发现真正自我的过程。这个过程就是为学习者开拓出一个有安全边界的、可以不断拓展的空间，使每一个人都可以在这个属于自己的空间内不断成长、不断发展。

所谓“创建”，就是指教育者帮助学习者找到适合其自身发展的、“多”“广”“全”的教育资源，进而促使其全面地发展的过程，这个过程相当于上图中“T”字形中的“横”。“平台教育理念”认为，任何人只有通过“多”“广”“全”的全面发展后才能有足够的视野和能力去选择属于自我的人生，而创建过程正是为每一个人提供“多”“广”“全”资源促使其全面发展的过程，在“释放”的基础上，每一个人都拥有了具有安全边界且可以不断拓展的自我，在这个自我空间中再通过“多”“广”“全”的全面发展，每一个人就有足够的能力进行“自省”了。

在“释放”的空间中，通过“创建”的过程，作为学习者的每一个人已经拥有了自己的方向，更有了向着自己所希望的方向进发的能力，接下来，就是每一个人自主选择和发展的过程，我们把这个过程称为“自省”。“自省”的过程，就是教育者帮助学习者获得其自己信服的思想意识形态并在此基础上不断地自我发展进而获得属于自己的幸福的过程，这个过程相当于上图中“T”字形中的“竖”。“自省”可以说是“平台教育理念”实施策略的终极目标点，“平台教育理念”希望每一个人都能够在“释放”和“创建”的基础上达成属于每一个人自己的“自省”过程，因为所谓“成就属于你自己的人生”，本质上就是通过“自省”获得其自己信服的思想意识形态并在此基础上不断地自我发展进而获得属于自己的幸福。

在“释放—创建—自省”过程中，教育者与学习者的关系并不是固定的，而是非常灵活的，教育者不一定是教师，而可能是任何的人、任何的事，甚至可能是自己充当自己的教育者，即自己既是教育者又是学习者。而学习者更可能是指向任何时间点的任何一个人。而针对不同人、不同情况，具体的“释放—创建—自省”的教育实施过程更是千差万别，因此，我们有必要对“释放—创建—自省”的一些具体问题展开深入讨论。

现在，请随我来……

第六章　释放

“释放”的过程，就是努力寻找自我、审视自我、了解自我、理解自我的过程。心理学告诉我们，真正的自我并不是一成不变的，在现实中，自我是在随着时间与空间的变化而不断动态变化的。从这个意义上讲，在教育实施的过程中进行充分的“释放”其实并不容易，这个过程不但要能够认识即时状态中的自我，还要能跟得上甚至在超前的位置上理解自我的动态变化。“释放”的过程虽然很难，但如果在教育实施过程中忽视了这一过程，就会使教育变得无的放矢，甚至还有可能南辕北辙，换句话说，成功的教育实施是建立在充分“释放”的基础上的。

让我们还是把话题拉回到“平台教育理念”中的两个最基本要素——教育者与学习者上来吧。就“释放”而言，无论对教育者还是学习者都是不可或缺的。对于学习者而言，“释放”本身就是一种完善自我的学习过程，而对于教育者而言，“释放”的过程会变得稍稍复杂一些，在教育实施过程中教育者的“释放”过程既包括“寻找并面对自己不断发展的真实自我"，又包含"帮助学习者寻找并面对其不断变化的真实自我"。认识、理解动态变化的真实自我（即自我"释放"）已非易事，对于教育者来说，还需要在自我"释放"的基础上帮助学习者完成"释放"的过程，更是难上加难。

"平台教育理念"认为，"多样且有度"是"释放"的核心所在，它既是教育者"释放"的基础，又是教育者帮助学习者"释放"的关键。下面的文字中，作者希望能够在"平台教育理念"的指导下，寻找到一些可行的策略和方法，为教育者的自我"释放"，更为教育者帮助学习者进行"释放"提供一些依据，从而为后续进一步的"创建"与"自省"过程打下良好基础。

还记得上面的那幅"释放—创建—自省"示意图吧，它告诉我们："寻找自我、审视自我、了解自我、理解自我"的释放过程，无论是对于教育者而言还是对于学习者而言，其目标都是希望拓展出一个"不断拓展且有安全边界"的空间，在这个可动态延展的空间中，作为学习者的每一个人都可以不断地"创建"和"自省"，最终成就属于自己的人生。

通过"释放"进而获得不断拓展空间的延展性，其本质上依赖于人类"多样"的本质，而所谓安全边界，就是指"有度"的拿捏。既要提供"多样"造就的动态延展，又要提供"有度"的安全保障，是"平台教育理念"教育实施过程中"释放"的关键所在。

下面我们对这两个问题分别做一些分析。

一、认识人类“多样”的本质，有助于教育者与学习者的自我“释放”

作为学习者，每个人在其一生中都会遇到许许多多的教育者（包括对其来说最终的教育者——自己），每一个教育者对其来说都是有价值的，每一个教育者都会对其产生或多或少的影响。“平台教育理念”认为，教育者对学习者的价值应该是一种“合力”，即学习者在其生命中遇到的每一个教育者对其而言都不是决定性的，每一个教育者对其而言都是一种重要的经历与财富，不同的教育者为其提供了不同的资源，最终需要学习者运用这些丰富的资源用自己的方式成就属于自己的人生。

群体层次的教育者毫无疑问可以为学习者带来良好的“合力”，这一点毋庸置疑，但其实个体层次的教育者也同样可以在教育实施中为学习者带来“合力”。对于一位教育者个体而言，其越是具有“多样”性，其对于学习者来说也就越宝贵。如果学习者遇到的每一位教育者都具有“多样”的特征，那么这个学习者就能通过教育者接触到更多元的信息，这个学习者也就能具有更开阔的视野，也就更有能力去寻找、选择和理解真实自我的所需所求。作为教育者，要想具备“多样”的特点，“持续且努力地学习”自然是其不二选择，从这个意义上讲，教育者与学习者的角色又在同一个人身上合为一体了。

无论是人类群体抑或是人类个体，“多样”性都是其最基本的特点。群体的“多样”源自群体中个体的横向比较，它更多的是发端于基因遗传。而个体的“多样”则体现在其本身在纵向时间轴上的变化与积累，这种“多样”的产生更多依赖于个体后天的学习与发展。从心理学的角度讲，每一个个体都同时具有多个自我，每一个自我都具有一定的独立性，同时也会相互影响，在整个人生过程中，通过不断的学习和发展，不同侧面的自我也会有不断的进步与变化，多个侧面的自我不断进步与变化的过程，构成了人类个体“多样”性的基础。换句话说，个体的“多样”是由多个层次构成的，并随着时间动态地变化发展。

理解个体的“多样”本质，对于教育者的自我“释放”大有裨益，对于教育者理解学习者进而帮助学习者进行“释放”更是不可或缺。那么，人类的“多样”在本质上是怎样造就的呢？

“平台教育理念”认为，无论群体层次的“多样”还是个体层次的“多样”，其最终的差异都是来自人类个体层次思想意识形态的差异。从“平台教育理念”的哲学观出发，我们认为，无论是人类的群体层次还是人类的个体层次，其差异性与多样性产生的原因主要有三：其一，念想不同；其二，“正反合”中所选取的黄金分割点不同；其三，折腾状态中，“正反合”上升过程的积累结果不同。

念想不同

从群体层次思考，不同人的念想是不同的。由于所处地理环境、风俗文化、生产力水平的不同，造成了处于小群体中的人的视角、眼界和机会都不同，最终造成了个体人念想的不同。虽然我认为，从整体论的角度看，所有人的念想最终所追寻的都应该是共同的“天理”与“人性”，但每一个正在向着自己最高念想奋勇前进的人类个体，其路线、过程甚至每一步的方向都会是不同的，这样就造成了人类思想意识形态的各种不同，差异性与多样性也因之而产生。从个体层次思考，即使是同一个人在人生的不同发展时期，其念想也是不同的，这一点成为造就个体层次“多样”的原因之一。

“正反合”中所选取的黄金分割点不同

从群体层次思考，不同的人在“正反合”中所选取的所谓黄金分割点显然是不同的。“中庸”也好，“二律背反”也罢，再加上“正反合”的辩证逻辑，我们发现，先贤大哲们早就已经把世界和人类运行的规律呈现在了我们的面前，可惜的是，高手们只是告诉了我们规律性的方向，而没有告诉我们具体事物中的“正反合”特征，这样就给每一个人类个体都留下了一个亘古不变的课题——具体事物中“度”的把握。我们知道数学中黄金分割点的规律，可惜的是，针对每一个具体的“正反合”事物，我们却很难找到一个统一而标准的黄金分割点，也是因为这个原因，我们发现，不同的个人即使对同一具体事物进行处理和思考时，也存在着不同的“度”的拿捏。正是因为在一个个不同“度”的体会中，不同的人走向了不同的思想方向，也因而让念想造成的差异性与多样性更进一步。从个体层次思考，即使是同一个人在人生的不同发展时期，其"正反合"中所选取的黄金分割点也有可能是不同的，这一点成为造就个体层次"多样"的另一个原因。

折腾状态中，"正反合"上升过程的积累结果不同

从群体层次思考，不同人的折腾状态中，正反合上升过程的积累结果不同，也是造成人类差异性与多样性的重要原因。人是处于生活中的人，生活中的一切都可以变为人思考的素材，运用这些素材建立属于自我的理性人生，才是关于人的核心内容，其中的各种"正反合"都需要每一个人自我参与、自己思考，使自己最终成为自我人生的开创者。在开创自我人生、建立自我哲学、追求自我"整体性"信仰的过程中，不同的人会出现不同的结果，这是因为在折腾的状态中，不同人在"正反合"上升过程的积累结果会有很大不同。造成积累结果不同的原因至为复杂，影响的因素也是非常之多，在这里不做太多分析，但正是因为积累结果的不同，最终造成了人类差异性与多样性的扩大化，使得"差异性与多样性"成为人类世界的基本特点。从个体层次思考，即使是同一个人在人生的不同发展时期，其折腾状态中，正反合上升过程的积累结果也有可能是不同的，这一点成为造就个体层次"多样"的第三个重要原因。

理解人的"多样"本质与特点，有助于教育者与学习者的自我

认知与相互理解，在认识到“多样”本质的过程中，每一个人会让“释放”的维度不断扩大，无论是从生命的时间长度还是从生命的空间广度上都会得到不断的拓展，这样的拓展为每一个人充分“寻找自我、审视自我、了解自我、理解自我”的“释放”过程提供了有力支持。

二、“有度”的拿捏，对于教育者与学习者的自我“释放”必不可少

下面我们再来谈一谈“有度”的问题。

在“释放”的过程中，如果只有“多样”的拓展而忽略“有度”的拿捏，那就失去了教育的真正意义与价值，一味地“多样”拓展或者盲目地全面“多样”，不但会造成教育者的混乱，更会给学习者带来无所适从的困惑。因此，在“释放”的过程中，讲求“有度”的拿捏也是至关重要的。

“有度”的关键在于因势利导，即根据学习者的发展规律与特点，有的放矢地进行“释放”，让每一个人在相应的人生发展节点上获得最大限度的“多样”拓展。这里的“相应的人生发展节点”与“最大限度”的思考绝不是想当然的过程，更不能仅仅凭借经验肆意为之，而是应该在科学严谨的研究基础上进行。

下表所列的是美国学者罗伯特·费尔德曼《发展心理学——人的毕生发展》一书中所呈现的有关整个人生不同阶段"社会、人格发展普遍规律及特点"的研究成果。

人生分期	婴儿期和学步期（0～3岁）	学前期（3～6岁）	儿童中期（6～12岁）	青春期（12～20岁）	成年早期（20～40岁）	成年中期（40～65岁）	成年晚期（65岁至死亡）
生理发展	·身高和体重迅速增加 ·神经细胞开始生长，并在大脑中建立起联结。一些功能具有正常发展的"关键期" ·婴儿扭动、向上推、坐起来、爬行，最终开始行走 ·婴儿伸手去够、抓，并捡起小的物体 ·6个月大的婴儿视力是20/20，并发展出深度知觉，以及对图案、面孔和颜色的辨认能力 ·婴儿听到广泛频率的声音，他们能定位声音，并区分出不同声音，这是语言发展的基础	·身高和体重继续快速增长 ·身体变得不再是圆圆的，而是更强健有力 ·大脑逐渐长得更大，神经联结继续发展，出现了功能单侧化 ·粗大和精细运动技能快速提高。儿童能够投球和接球，跑步，使用叉子、勺子和筷子，并能够系鞋带 ·儿童开始发展出利手（优势手）	·成长过程变得缓慢而稳定。肌肉成型，"婴儿肥"消失 ·粗大运动技能（骑车、游泳、溜冰、控制球）和精细运动技能（书写、打字、系纽扣）继续提高	·女孩在大约10岁的时候进入快速生长期，男孩则在12岁左右进入快速生长期 ·女孩在11岁或12岁左右进入发育期，男孩在13或14岁左右进入发育期 ·第一性征发展起来（影响生殖器官），同时，第二性征也发展起来（两性都长出阴毛和腋毛，女孩的乳房开始发育，男孩的声音变粗）	·生理能力（包括力量、感觉能力、协调能力和反应时间）在20多岁的时候达到高峰 ·绝大部分的发育已经完成，尽管某些器官（包括大脑）仍在发育 ·压力会成为威胁健康的主要因素 ·在35岁左右，疾病代替意外事故成为最主要的致死因素	·生理变化日益显著。视力明显下降，听力也是如此，但不那么明显 ·身高达到一个顶峰，然后缓慢地下降。骨质疏松症加速了女性的这个过程。体重增加，体力下降 ·反应时间变长，但由于长时间的练习，在复杂任务上的表现大部分没有发生变化 ·女性经历绝经期，这伴随着一些不可预料的影响。男性更年期使得男性的生殖系统逐渐发生变化	·皱纹、花白以及稀疏的头发是成年晚期的标志。随着椎间盘的萎缩，身高开始下降。女性特别容易罹患骨质疏松症 ·大脑萎缩、心脏泵进身体内的血液更少。反应变慢，感觉变得更迟钝。白内障和青光眼可能会影响视力，而听力的丧失则成为普遍的现象 ·慢性疾病，尤其是心脏病，变得更为普遍。这个阶段可能发生精神障碍，例如抑郁和老年痴呆

续表

人生分期	婴儿期和学步期（0～3岁）	学前期（3～6岁）	儿童中期（6～12岁）	青春期（12～20岁）	成年早期（20～40岁）	成年中期（40～65岁）	成年晚期（65岁至死亡）
认知发展	·婴儿开始理解物理世界中的客体永存和“实验” ·开始使用表征和符号 ·信息加工速度增快 ·通过前语言交流（牙牙学语）、使用单个词语来代表全部意思（整句字）以及电报语，婴儿的语言得以快速发展	·儿童表现出自我中心思维（从自己的角度看待世界）并表现出中心化，即只关注刺激的某一方面 ·记忆、注意广度和符号思维有所提高，直觉思维开始出现 ·语言能力（句子长度、词汇量、句法和语法）飞速增长	·儿童使用逻辑运算来解决问题 ·对于守恒（物体形状的改变并不必然会影响其数量）和转变（物体可以在没有变化的情况下经历多种状态）的理解开始出现 ·儿童能够“去中心化”——考虑到多种观点 ·记忆的编码、存储和提取能力有所提高，控制策略（元记忆）有所发展 ·语言的语用能力（社会习俗）和元语言意识（自我监控）有所提高	·抽象思维越来越普遍。青少年使用形式逻辑来考虑抽象的问题 ·相对的而非绝对的思维占主导地位 ·语言、数学和空间技能有所提高 ·青少年能够做假设性的思考、分配注意力，并通过元认知对思维进行控制 ·青少年发展出自我中心主义，觉得自己总是别人注意的焦点。自我意识和内省很有代表性 ·认为自己不会受伤害的想法会使得青少年忽视危险的存在	·随着世界经验的增加，思维变得更灵活和主观，这些都与熟练的问题解决有关 ·智力被应用在涉及事业、家庭和社交的长期目标上 ·成年早期有意义的生活事件可能塑造认知的发展	·某些认知功能的丧失可能开始于成年中期，但总的认知能力保持稳定，因为成年人会使用生活经验和有效的策略来进行弥补 ·长时记忆的提取效率略微有所下降	·在80多岁之前，认知能力的下降是微小的。它可以通过训练和练习来保持，同时，仍然有可能活到老，学到老 ·短时记忆和特定生活情景的记忆能力可能会下降，但是其他类型的记忆则很大程度上不受影响

续表

人生分期	婴儿期和学步期（0～3岁）	学前期（3～6岁）	儿童中期（6～12岁）	青春期（12～20岁）	成年早期（20～40岁）	成年中期（40～65岁）	成年晚期（65岁至死亡）
社会性/人格发展	·婴儿展现出不同的气质和活动水平 ·面部表情似乎反映了情绪。婴儿能够理解他人的面部表情 ·学步期孩子开始能够体验共情 ·出现了对他人的依恋风格	·儿童发展出自我概念，这种自我概念可能有些夸张 ·性别和种族同一性开始出现 ·儿童开始把同伴看作独立的个体，并基于信任和共同兴趣形成友谊 ·道德是以规则为基础的，其重点在于奖励和惩罚 ·游戏变得更加有建设性和合作性，社会技能变得重要起来	·儿童通过谈及心理特质来界定自己。自我感也开始分化出来 ·社会比较被用来理解个人的地位和同一性 ·自尊逐渐发展出来，自我效能感（对于自己能做什么和不能做什么的评估）也开始发展 ·儿童处理道德问题的方式是强调社会尊重，并接受被社会界定为正确的事物 ·男孩与女孩的友谊模式存在差异。男孩大多以群体方式和其他男孩交往，而女孩倾向于单独或成对地和其他女孩交往	·自我概念变得更有组织和精确化，并反映了他人的知觉。自尊开始分化 ·界定同一性是一个关键任务。同伴关系提供了社会比较，并且有助于界定可被接受的角色。受欢迎问题变得尖锐；同伴压力会加强从众行为 ·由于家庭角色被重新商定，青少年对自主性的寻求会造成与父母之间的冲突 ·性行为在同一性形成中发挥出重要性，青少年开始约会	·建立亲密关系变得非常重要。亲密关系中的承诺可能部分取决于婴儿期形成的依恋风格 ·婚姻和孩子带来发展上的变化，这种变化往往充满压力。一些新的压力的产生可能会导致离婚 ·随着年轻人巩固自己的事业，他们主要通过工作界定同一性	·成年中期个体会回顾过去，根据“社会时钟”来评价自己取得的成就，并形成对死亡的觉知 ·尽管有所谓的“中年危机”，成年中期往往是平静和满意的。个体的人格特质一般保持稳定 ·虽然婚姻满意度往往较高，但是家庭关系可能会遭遇挑战 ·从把职业当作自己的外在抱负，转变成把其看作一种内在满意感，或者在某些情况下，转变为不满意感。职业的变化越来越普遍	·基本的人格特质保持稳定，但变化也有可能发生。“生活回顾”是这个阶段的特点，这个过程或者带来满足感，或者是不满意感 ·退休是成年晚期的主要事件，导致个体对自我概念和自尊进行调整 ·健康的生活方式和在感兴趣领域的持续活跃性可以带来成年晚期的满意感 ·成年晚期的典型情况（收入减少、配偶的衰老或死亡、居住安排的变化）会导致压力的增加

续表

人生分期	婴儿期和学步期（0～3岁）	学前期（3～6岁）	儿童中期（6～12岁）	青春期（12～20岁）	成年早期（20～40岁）	成年中期（40～65岁）	成年晚期（65岁至死亡）
让·皮亚杰［观点］	感觉运动阶段	前运算阶段	具体运算阶段	形式运算阶段			
埃里克·埃里克森［观点］	信任对不信任阶段（出生到1岁半） 自主对羞愧怀疑阶段（1岁半至3岁）	主动对内疚阶段	勤奋对自卑阶段	同一性对角色混乱阶段	亲密对疏离阶段	再生力对停滞阶段	自我完善对失望阶段
西格蒙德·弗洛伊德［观点］	口唇期和肛门期	性器期	潜伏期	生殖器阶段			
劳伦斯·柯尔伯格［观点］	前道德阶段	前习俗道德水平	习俗道德水平	有可能达到后习俗道德水平			

根据科学研究的成果，“平台教育理念”对于“释放”的“度的拿捏”的思考可以直观地体现在下图中：

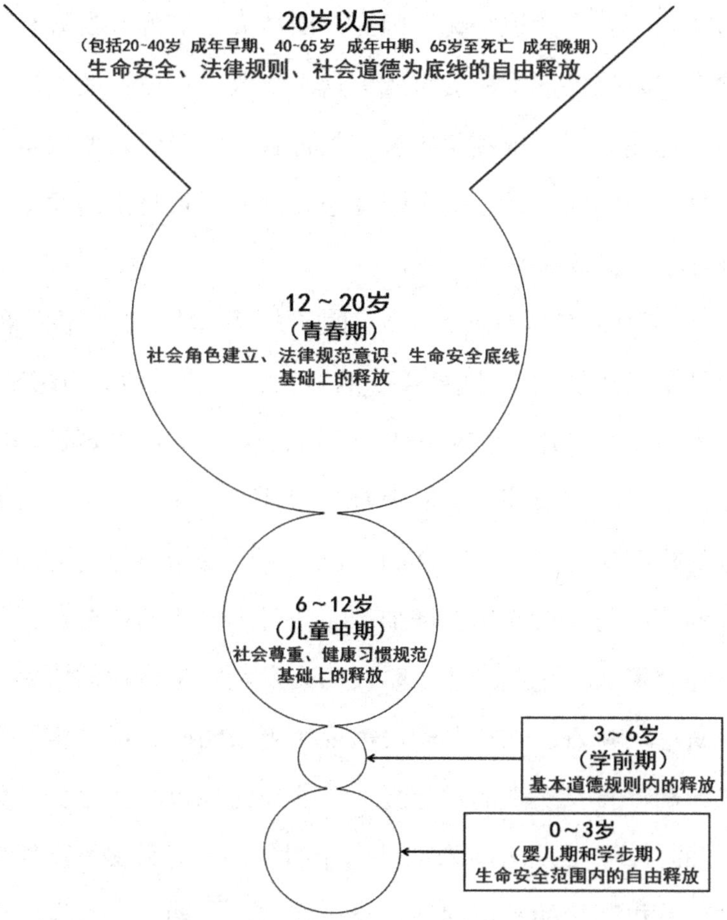

释放的“度”

根据发展心理学的研究，“平台教育理念”将一个人整个人生的“释放”的“度”分为五个时期。

0～3岁为第一个时期，这个时期的“释放”，其“度”的界限在于“生命安全”。由于这个时期的人探索环境的欲望极其强烈且活动能力较弱、安全意识全无，因此，保持人足够的好奇心和探索愿望，并在同时确保其生命安全成为这一阶段“释放”的基础。此阶段人的“释放”完全依赖于年长的教育者，教育者需要以生命安全作为“释放”的限度，在这个限度中允许人进行自由的探索，以保障其好奇心与探索欲望的维持。

3～6岁为第二个时期，这个时期的“释放”，其“度”的界限在于“基本道德规则”。随着年龄的增长，人的活动能力越来越强，探索世界的手段与方法也越来越多，但在这一阶段“释放”的“度”要比第一个时期有所缩小，原因有二：其一是在这一阶段人出现安全事故的概率要比第一个时期高。由于探索欲望与能力的加强，探索世界的范围与手段必然会增加，而此时人自我的安全意识与防护还没有完全形成，因此，这一阶段的人发生安全事故的概率往往较高。针对这一特点，在这一阶段需要用更为明确、可实施的方式指导人进行确保自身安全的规范行为，这样的规范与教导势必会造成“释放”的“度”的缩小。其二是这个时期的人开始慢慢从简单的生物属性向着更高级的社会属性进步。在这一时期，人所发展出的自我概念帮助人开始意识到社会群体对于自我的价值，因此，群体中的基本道德规则成为确保人安全发展的更高级底线，人开始意识到单纯理解个体层次的安全规则还不足以保障自身的发展，还需要在个体层次安全规则的基础上遵守群体层次的安全规则，以保障自身与自身所处的群体都是安全的。这一保障群体安全的规则就是人群中的基本道德规则。基本道德规则中的“基本”性质，决定了在这一时期“释放”的“度”的缩小。总而言之，个体安全生存基础上的、确保个人在群体中也能安全的基本道德规则，是3~6岁这一时期进行“释放”的边界“度”。当然，处于这一时期的人，其“释放”的“度”的边界确定也更多地依赖于年长教育者的设计。

6~12岁为第三个时期，这个时期的“释放”，其“度”的界限在于“社会尊重与健康习惯规范”。随着年龄的增长，人的各方面能力进一步发展，并开始分化出真正的自我感，开始在融入人类社会的过程中发展出自尊与自我效能感（对于自己能做什么和不能做什么的评估），开始意识到社会尊重对于道德的价值。基于这样的发展与进步，在这一阶段“释放”的“度”要比第二个时期有所放宽，其边界“度”由社会尊重与健康习惯规范所界定。所谓“社会尊重”，是指在社会基本道德规则基础上的人与人相处的常规伦理，与基本道德规则相比，社会尊重所包含的内容要更广泛一些，因为与3~6岁（学前期）的人相比，处于6~12岁（儿童中期）的人有更强的能力理解更多、更复杂的社会中人与人的关系特点以及人类社会的基本运行规则，这些常规的伦理规则是维系社会正常发展的基础，也是造就社会中人与人之间相互尊重的基石。所谓“健康习惯规范”，是指人在社会中生存所必须学会的保障自身不受危害，进而促进健康发展的基本生活常识与习惯，比如烟、酒对身体伤害的常识，基本卫生习惯等。不同文化下的社会尊重与健康习惯规范会有所不同，这一时期“释放”的“度”的边界确定既依赖于年长教育者的设计，也需要作为学习者的人积极主动地互动参与。

12～20岁为第四个时期，这个时期的“释放”，其“度”的界限在于“社会角色建立、法律规范意识和生命安全底线”。进入青春期，人的发育会迎来一次爆发式的发展，这样的发展不但使得人的身体更加成熟，更会使人的心智得到极大的提高，在这个阶段，自我的概念逐渐变得更有组织和精确化，属于自我的意识形态开始逐渐形成、确立，个体人参与到群体社会中的意识也越来越强烈。基于这样的发展与进步，在这一阶段“释放”的“度”要在有控制的基础上逐步放宽和扩大。所谓“有控制”指的是这个阶段“释放”的边界一定要清晰且明确，绝对马虎不得；而所谓的“放宽和扩大”是指与6～12岁的第三时期相比，这一时期的“释放”需要给予人更大的空间与信任。让我们把目光再次集中到这一时期“释放”的“度”的边界上——社会角色建立、法律规范意识和生命安全底线，这里提到的“社会角色建立”是指人在这一时期“释放”的时候应该以一种“社会人”的姿态进行自我认知，需要意识到自我角色在社会中的价值，自我所建立的社会角色不能以危害社会为目标，这是此阶段“释放”的第一底线。这里提到的“法律规范意识”是指人在此阶段的“释放”过程中，需要建立法律规范意识底线，即理解人在社会中生活需要遵从依据大多数人利益制定的法律规则，这条法律规范意识底线对于人整个人生的发展都是不可或缺的底线。这里提到的“生命安全底线”是12～20岁第四时期“释放”的第三条底线，即在此阶段的“释放”过程中，对于威胁自身生命安全的一切都需要充分意识并深刻理解，进而防止其对自身造成危害。这一时期"释放"的"度"的边界确定需要年长教育者的参与，但更多地需要作为学习者的人自己有意识地完成。

20岁以后直至生命终结为整个人生的第五个时期，这个时期的"释放"，其"度"的界限在于"生命安全、法律规则和社会道德"。20岁以后，无论是从身体发育角度还是心智发展角度来看，人都已经是一个成熟的个体了，作为成熟的个体，每一个人也都具备了充分的自我发展能力，因此，这一阶段的"释放"更多的是人自己的事情。此阶段的人本身既是学习者，同时也是自己的教育者，每一个人都可以依据自己的需求进行自由的"释放"，从而帮助自己寻找并理解真正的自我。值得注意的是，此阶段提到的自由"释放"是指可以不再依赖于年长教育者的设计，自己为自己寻求资源、自己对自己负责的过程，绝不是一种无边界的、随意胡为的放任。这一时期"释放"的"度"的边界包括生命安全、法律规则和社会道德，所谓"生命安全"，显而易见这是确保自我生存的基础，就像12~20岁第四时期"释放"的第三条底线——生命安全底线一样，此阶段提及的生命安全是再一次的强调。所谓"法律规则"，顾名思义，这是确保自我在群体中发展的基础，作为成熟而理性的人，不但应该遵守适于群体整体发展的法律规则，更应该参与到群体法律规则的制定与改进中，让法律规则成为促进每一个人发展的基础和保障。所谓"社会道德"，指的是自己的行为无论如何都不能危害群体的安全，这是自身发展的底线，也是整个群体社会进步的底线。举例而言，如黄、赌、毒、酗酒等既对自身生命安全造成威胁又触及法律底线，还有可能对社会群体造成危害的行为，都是“释放”时所不能触碰的。

通过以上的阐述与分析，我想大家对“平台教育理念”实施过程中“释放”的问题已经有了较为清晰的认识。通过“多样且有度”的“释放”，无论是教育者还是学习者都已经有了一个属于自己的、有安全边界的、可以不断拓展的空间，相信在这个空间中，每一个人都能够慢慢寻找到并充分理解属于自我的价值，接下来，“平台教育理念”将带领大家在“释放”的基础上进行下一步的发展——“创建”。

第七章　创建

在本章，我们将重点探讨“创建”在“平台教育理念”具体实施中的价值及其基本原则与策略问题。

在“释放—创建—自省”示意图中，“创建”过程本质上就是为人的终身发展提供能够无限延伸的那条“横”，即在“释放”的空间内，通过“多”“广”“全”的资源提供，使人得到全面的发展，帮助人拥有更广阔的见识和更多元的选项。通过有效的“释放”和多元的“创建”，可以促使人在这样的基础上最终完成自我的“自省”过程，进而帮助每一个人成就属于自己的人生。

每个人的人生无论是时间长度还是空间广度都不是无限的，因此，如何在有限的人生中获得尽可能全面而多元的资源，进而让自己得到更多的人生选项，是“创建”面临的最主要问题。“平台教育理念”认为，对于人真正的“创建”过程并不是简单的资源堆砌式提供，更不是不管不顾、毫无设计的眉毛胡子一把抓式的选项供给，而应该是针对人自身学习能力持续提升的，有计划、有步骤的，旨在促使人最终能够运用自己的学习能力进行无限自我拓展式“创建”的发展过程。

从这个意义上讲，促使每一个人学习能力的提升，成为“创建”的关键。“平台教育理念”中所关注的学习能力主要包含以下四个方面的内容：第一，无限的好奇心，对各种事物都充满持续的探索兴趣，此能力是促使自己持续学习与进步的基础；第二，良好的适应环境能力，即对所遇到的各种环境都能很好地适应，此能力是促使自己在任何环境下都可以持续发展的保障；第三，持续获取、选择适于自我发展的资源的能力，即在“释放”后了解自我需求的基础上，能够利用现有条件进行资源整合，促使自身持续进步，此能力是自我终身持续发展的关键；第四，完善的逻辑思维能力，即对各种事物的运行都能找到其核心的逻辑特征，此能力是确保自我有效发展的核心。

学习能力的提升是终人一生都需要做的事情，如何持续提升人的学习能力正是“平台教育理念”具体实施中“创建”的重点工作。从“创建”的基本原则与策略的角度思考，我们认为，通过“创建”过程促使人的学习能力持续提升主要需从以下两个层面入手：其一，人生发展基本框架的“创建”，其二，在人生发展基本框架的基础上，进行多元选项的供应，帮助人在有限的资源中获得无限的学习能力。下面，我们将就人生发展基本框架和多元选项的供应这两个方面的“创建”过程做详细讨论。

一、人生发展基本框架的"创建"过程是促进学习能力发展的基础

"创建"过程中所谓的人生发展基本框架包含三个方面的内容：第一，"释放"过程中"度"的界限；第二，"平台教育理念"中作为人类共同底线的道德底线（个人安全规范及社会责任底线）；第三，对应不同发展阶段（不同年龄段）的人需在不同的侧重面进行有针对性的有效"创建"。

为了方便讨论，我们将以上三个方面的内容进行整合，以"释放"过程中的人生不同阶段分期为依据，对不同发展阶段的"创建"过程分别做梳理和讨论。

如下页图所示。

关于0～3岁"创建"过程人生发展基本框架的内容如下：

1. 为生理层次的健康发展提供充分保障。

处于0～3岁婴儿期和学步期的人，身体快速成长，神经系统和大脑更趋复杂，包括视觉、听觉、嗅觉、味觉等多方面感知觉迅速发展，运动能力（包括粗大运动技能与精细运动技能）不断提高。面对人在此阶段如此迅速的变化，在"创建"过程中首先需要充分保障生理健康发展所需和基本的生命安全保障，并在此基础上依据

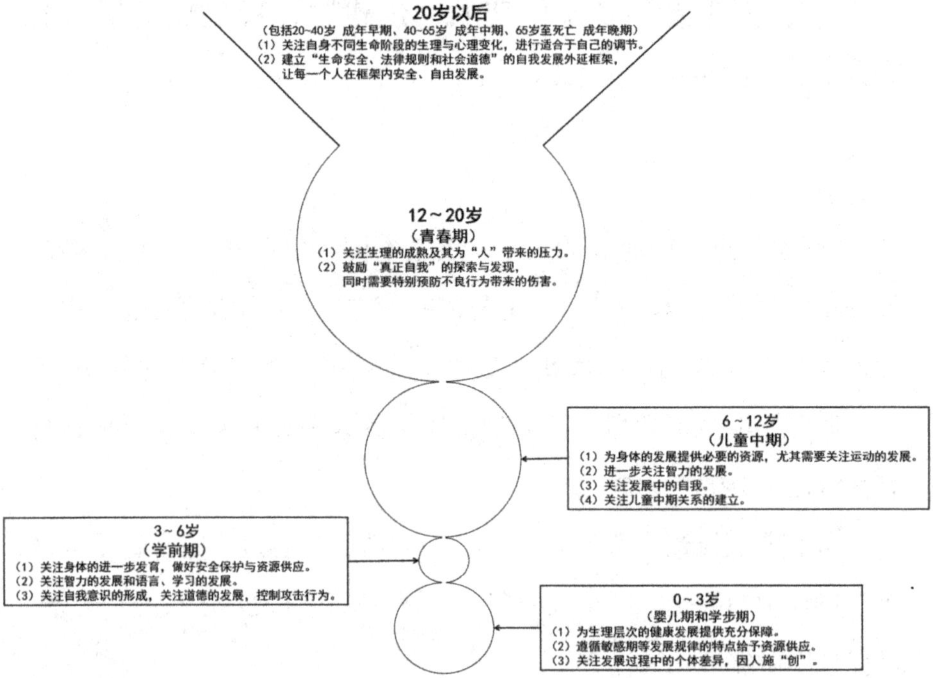

“人生发展基本框架”的创建

生命发展规律给予此时期人充分的自由，帮助其将自身的特点发挥到最大。

2. 遵循敏感期等发展规律的特点给予资源供应。

心理学研究告诉我们，人的发展具有一定的规律性，比如敏感期（一段特殊的但有一定时间限制的时期）产生和多种状态中不断循环的特点都是婴儿期和学步期常见的规律性发展特征。因此，针对这一阶段的“创建”过程中，需要遵循这些发展规律给予资源供应。如面对处于"光感敏感期"的人（0～3个月），由于其对光感非常敏感，所以在此阶段的"创建"过程中应该及时提供"白天和晚上光线差异"（白天要拉开窗帘、晚上要关灯睡觉等）、"黑白方格图"等资源，以帮助其适应光线变化；又如面对处于"口腔敏感期"的人（4～12个月），由于其倾向于用口进行尝试、感觉外界世界，所以在"创建"过程中应该在此时期充分给予其口腔发育的机会，"让其吃个够"，以帮助其健康发展；再如面对处于"自我意识敏感期"的人（1岁6个月～3岁），由于其需要通过各种试错的方式去感知世界、理解自我，所以在此阶段的"创建"过程中应该在不造成伤害、不违反安全规则的基础上给予其充分的自由，不谴责、不说教、不较劲，以帮助其不断在试错中形成自我意识。

3.关注发展过程中的个体差异，因人施"创"。

虽然人的发展具有一定规律性，但就个体而言，每一个人都是一个独特的个体。按照亚历山大·托马斯和斯特拉·切斯的研究，我们可以根据人的一些不同侧面将处在婴儿期和学步期阶段的人分为易养型、难养型和迟缓型。在婴儿期和学步期阶段，易养型的人具有积极倾向，他们的身体功能运作得很有规律，并且具有很强的适应性，他们一般是积极的，对新情境显示出好奇心，并且他们的情绪处于中低强度状态；在婴儿期和学步期阶段，难养型的人有更多消极的心境，而且适应新情境较慢，当面临新情境的时候，他们倾向于退缩；在婴儿期和学步期阶段，迟缓型的人不太活跃，对环境表现出相对平静的反应，他们的心境一般较为消极，他们在新情境中会退缩，适应缓慢。人的不同类型并不是判断好与坏的标准，更不是未来发展的决定性指标，而仅仅是不同个体在此发展阶段的不同特征而已。毋庸置疑，针对不同类型个体的“创建”过程，需要运用不同的策略，给予不同的资源，即因人施“创”。而因人施“创”的前提是能够理解不同类型人的真实需求，然后在此基础上，再帮助其不断向着属于自己的方向发展。鉴于这样的思考和认识，“平台教育理念”认为，在针对不同类型的人进行“创建”时，“共情”就成为因人施“创”的关键策略，即从不同类型的个体角度理解他们的特点、感受与需求，并以此为据，提供资源因人施“创”。

关于3~6岁“创建”过程人生发展基本框架的内容如下：

1. 关注身体的进一步发育，做好安全保护与资源供应。

处于3~6岁学前期的人，身体发展迅速，个头、体形和身体能力都得到显而易见的发展，神经系统和大脑进一步完善，运动能力（包括粗大运动技能与精细运动技能）进一步加强，与此同时，在这一阶段人出现安全事故的概率也开始变得更大。根据人在此阶段的生长和行为特点，在“创建”过程中，人身的安全保护与教育至关重要，同时为身体的发育与生长提供必要的物质基础与环境条件更是必不可少（如均衡的影响、如提供多种多样的体育活动机会等）。

2. 关注智力的发展和语言、学习的发展。

按照瑞士心理学家皮亚杰的认知发展阶段理论，3～岁学前期是稳定又充满巨大变化的时期，他把这一时期界定为认知发展的"前运算阶段"，即在此阶段的人更多地使用象征性符号思维，心理推理出现，概念的使用也有所增加。依据这样的心理发展特点，在此阶段的"创建"过程中，需要特别注意对人智力发展的关注，包括语言、思维、信息加工以及学习能力的培养等，通过多种不同的方式、借助多样的资源、依据不同个体的特征进行有意识、有针对性的教育，为人的进一步发展打下良好基础。

3. 关注自我意识的形成，关注道德的发展，控制攻击行为。

尽管大多数处于3～6岁学前期的人并没有直白地提出"我是谁"这个问题，但是这个问题构成了处于这一时期的人发展的基础，在这个时期中，人对于自我的本质很好奇，他们如何回答这个问题将会影响他们生活的很多方面。通过对自我的思考（包括集体主义取向的自我认知、个人主义倾向的自我认知等）、对性别同一性的思考（对男性特征和女性特征的关注与认同）、对朋友和家庭的认识（即慢慢理解友谊与亲情异同）、对规则的认识（往往是在游戏中体会规则的价值）、对他人想法的理解（即在接触社会群体的基础上发展出来的基本道德意识）等多个方面的探索，使得3~6岁学前期的人的自我意识慢慢形成，与此同时，社会规则与道德意识也在不断发展中。在这些探索过程中，3~6岁学前期的人很多时候会表现出攻击行为，这样的行为也是人探索世界、理解世界的一种常规手段。鉴于以上的认识，“平台教育理念”认为，在此阶段的“创建”过程中，既需要给予3~6岁学前期的人充分探索的机会与自由，又要采取必要措施控制其攻击行为，以促进其在适当“度”的范围内得到有效发展，帮助其认识自我的同时，也理解人类社会的基本道德规则。

关于6~12岁“创建”过程人生发展基本框架的内容如下：

1. 为身体的发展提供必要的资源，尤其需要关注运动的发展。

处于6~12岁儿童中期的人，相对于出生后前五年的快速生长和以生长发育迸发为特征的青春期而言，身体发展是相对缓慢的，但也不是停滞生长。因此，人在此阶段的“创建”过程，还是要做好为身体生长发育提供必要物质基础与环境条件的工作，尤其要关注此阶段人的运动的发展。处于6~12岁儿童中期的人，粗大运动技能的一个重要进展体现在肌肉协调方面，而精细运动技能到12岁时已经能够达到与成人控制物体能力相当的水平。在儿童中期整个阶段中，根据人的身体发展水平，提供适当且多样的锻炼机会，并在锻炼过程中注意安全保护，以帮助其运动能力得到稳步提升，是此阶段“创建”的重要工作。

2. 进一步关注智力的发展。

按照皮亚杰认知发展阶段理论，6～12 岁儿童中期的人，其发展已经进入到了“具体运算阶段”，其特点是能够主动且恰当地使用逻辑推理。随着智力不断发展，其信息加工水平、记忆能力、语言技巧等都会得到很大发展，因此，针对此阶段人的“创建”过程，需要特别关注素材的提供，无论是素材的形式（听、说、读、写、操作等多种形式的素材）、量（不同形式的素材应该具有一定的数量）或是种类（即使是同种形式的素材，种类也应该具有多样性，涵盖范围也应该足够广）都需要做好规划与设计，这个过程是一个充满智慧的过程，在保障充分的基础上，既要考虑适当，更要考虑个体差异。

3. 关注发展中的自我。

按照埃里克森有关心理社会性发展的观点，6～12 岁儿童中期的发展更多地围绕能力展开。埃里克森将 6～12 岁儿童中期的发展称为“勤奋对自卑阶段”，其特征是人为了应对由父母、同伴、学校以及复杂的社会提出的挑战而不断地付出努力。随着年龄的增长，儿童中期的个体也面临更多巨大的挑战：从生理的自我理解到心理的自我理解（个体开始以更为抽象的概念描述自我），自尊（个体在整体上和特定方面对自我的积极和消极评价）开始逐渐形成，道德进一步发展（按照劳伦斯·柯尔伯格的观点，6～12岁儿童中期的人可以发展到“好孩子”道德阶段，即感兴趣于保持他人对自己的尊敬，并做出他们所期望自己做的事情）。鉴于人在此阶段的发展与变化，可以充分利用他们的这些特点，进行有效的“创建”，尤其需要特别关注那些对人的后续发展有帮助的重要品质和能力的“创建”，具体如建立自信、诚实守信、感恩意识、情绪理解与表达能力、时间管理能力、情绪调节能力、抗挫折能力、自我保护能力等，通过进行有针对性的期望和多样资源的提供（如多种多样的游戏、社交活动、课程学习等），利用其“好孩子”道德阶段的特点，帮助6～12岁的人在儿童中期建立起对其个人发展与社会进步都具有价值的自我品质和能力。

4. 关注儿童中期关系的建立。

6～岁儿童中期的人对友谊性质的知觉经历了一些深刻变化。根据发展心理学家威廉·达蒙的观点，6～12岁儿童中期的人在经历了“基于他人行为的友谊”阶段（大概为4～7岁，此阶段的人会把那些和自己相似的人当作朋友）后，又经历了“基于信任的友谊”阶段（大概从8岁持续到10岁，此阶段的人对友谊的观点变得更加复杂，他们会考虑他人的个人特点、特质以及他人可以提供的奖赏），慢慢发展到“基于心理亲密的友谊”阶段（大概从11岁持续到15岁，此阶段的人开始发展出在青春期依然保持的友谊）。这样的发展表明，6～12岁儿童中期的人在社会人际关系建立过程中已经逐渐变得成熟起来，因此，在此阶段的"创建"过程中应该特别注意个体与个体、个体与群体关系的建立问题，通过社会基本道德规则的教育帮助此阶段的人理解社会群体中个人与个人、个人与群体正常、健康关系的建立原则，通过健康习惯规范的教育帮助此阶段的人明确个体健康发展对于个人与群体的重要价值，避免个体受到群体中一些不良现象的影响。

关于 12～20 岁"创建"过程人生发展基本框架的内容如下：

1. 关注生理的成熟及其为人带来的压力。

12～20 岁青春期的人处处充满矛盾，也处处充满活力。在这个阶段，身体会迎来一次快速发育的过程，尤其是大脑的发育和性成熟的发育，因此，在此阶段的"创建"过程，身体所需营养的充分保障、生理卫生及习惯的养成（尤其是性发育相关的生理卫生与生活习惯）就成为第一任务。与此同时，随着大脑发育的完善和认知能力的飞跃（按照皮亚杰的理论，青春期的人已经开始使用形式运算来解决问题，即可以采用逻辑的形式原则抽象地思考问题，而不再局限于具体的术语），包括生理发育和与社会群体深度接触、融合等在内的多方面发展为该阶段的人也带来了非常大的压力，如性为个体带来的困惑、体内激素带来的躁动、对朋友和同伴的依赖造成的无措、对未来不确定的矛盾、家庭关系变化造成的迷茫、社会比较与同伴压力带来的怀疑……凡此种种，无不使处于青春期的人压力变大。鉴于这样的认识，“平台教育理念”认为，针对12～20岁青春期的“创建”过程，除了必要的有关生理发展需求的资源提供外，更需要进行有效的压力疏导，如供应多种类、多层次的书籍让处于青春期的人阅读，通过阅读帮助其理解多方面的知识进而促使其发现自我的真正需求，缓解由于迷茫、矛盾、怀疑等带来的压力；提供多样的社交机会帮助处于青春期的人理解社会群体关系的多样性；在家庭中通过共情且有效的沟通使得大家相互理解，让家庭成为疏解压力的避风港等。

2. 鼓励“真正自我”的探索与发现，同时需要特别预防不良行为带来的伤害。

由于各个方面都开始趋于成熟，处于青春期的个体已经开始有意识地探索与发现“真正的自我”了，这个过程是一个充满试错、冲突和执拗的过程（根据信息加工理论对青春期认知发展的解释，青春期心理能力迅猛发展的最重要原因在于元认知的发展。以此观点为依据，处于青春期的人很容易想象别人正在思考着自己，并且他们还能够想象到别人思维的细节，这样的认知让其发展出了“青少年自我中心主义”，这种虚幻的想象恰恰就是人在探索真正自我时必不可少的试错过程），但从“平台教育理念”的“创建”角度出发，我们应该对这样的试错、冲突和执拗采取鼓励的态度，让每一个人在飞扬的青春期进行自我的充分探索与发现，最终促使其寻找到真正属于自己的自我。需要注意的是，此阶段的“创建”过程态度上需要鼓励，但由于青春期生理发育与个体发展的局限性，造成此阶段的人还没有充足的能力应对群体社会中的各种危机与危害，所以，在实际操作上，我们还是有必要做好底线的控制，此阶段的底线控制特别需要关注“预防不良行为带来的伤害”。处于青春期的人以自我为中心、胆大、有冲劲、质疑权威、具有批判精神……因此，特别容易受到外界的不良影响（来自同伴、网络、社会等）而造成伤害，如吸烟、酗酒、吸毒、赌博、网络成瘾、性传播疾病，等等。为了预防这些不良行为可能带来的伤害，在“创建”的实际操作过程中，我们需要特别守住“社会角色建立、法律规范意识和生命安全”这三条底线，以保障青春期阶段的每一个人都能够在不受伤害的基础上，进行充分的自我探索与发现。在此还需要特别提醒，在“社会角色建立、法律规范意识和生命安全”三条底线的具体“创建”时，还要注意因人而异、有效疏导，不推荐对处于青春期的人进行一味的强硬压制，因为按照青春期发展的特点，如果只是毫无策略地一味压制，很有可能会适得其反。此阶段的“创建”过程需要每个人（包括教育者，也包括学习者自己）的智慧与努力。

关于20岁以后“创建”过程人生发展基本框架的内容如下：

20岁以后的人被我们视为已经成熟的个体，因此，其“创建”过程将会变为真正“自己”的事情（即自己既是教育者又是学习者，自己通过寻求有效的资源进行自我需要的“创建”过程）。但必须要指出的是，20 岁以后的人生更需要教育、学习与自我成长，甚至可以说，对整个人生而言，20 岁以后的教育、学习与自我成长比 20 岁之前更加重要而关键。“创建”过程作为“释放—创建—自省”这一“平台教育理念”实施策略的关键，20 岁以后我们需要关注以下两个方面的人生发展基本框架问题。

1. 关注自身不同生命阶段的生理与心理变化，进行适合于自己的调节。

从生命的角度而言，整个人生我们的身体都是在不断地按照一定规律发展的，而心理的变化更与我们的生理发展息息相关，因此，了解自身不同生命阶段的生理与心理变化规律，对于 20 岁之后的“创建”过程至关重要。发展心理学的研究将 20 岁以后的人生发展又分为三个阶段，20 ~ 40 岁的成年早期、40 ~ 65 岁的成年中期、65 岁至死亡的成年晚期。在“创建”过程中，要依据每一个阶段的发展特点，结合自身实际的发展需求进行及时有效的自我调节，通过有目的性地进行需求整合、有针对性地获取多样资源、有创造性地完成自我更新……从而获得“多”“广”“全”的教育，促使每一个人拥有属于自己的美好人生。

2. 建立“生命安全、法律规则和社会道德”的自我发展外延框架，让每一个人在框架内安全、自由地发展。

作为成年人，20岁以后的人生是可以按照自己的意愿自由发展的，但必须指出的是，自由也是在一定框架中的，这个框架就是在论述“释放”时所提及的“度”，鉴于这样的认识，对于20岁以后的人其“创建”过程不可或缺地包含有“生命安全、法律规则和社会道德”这三个方面的内容。在这样的“创建”基础上，个体才有机会成就属于自己的美好人生。

二、给予多元选项的“创建”过程是促进“学习能力”发展的关键

在生命的各个发展阶段经历了人生发展基本框架的“创建”后，处于任何发展阶段的人都具有了确保自身持续发展的基本条件和安全保障，这些基本条件和安全保障是每一个人发展自己学习能力的基础，更是为了自身能够向着更广阔空间继续“多”“广”“全”教育的保障。在人生发展基本框架的“创建”的底盘上，我们还需要进一步进行多元选项的供应，这个“创建”过程旨在帮助人在有限的资源中获得无限的学习能力，进而有能力通过“自省”真正成就属于自己的美好人生。接下来，我们就来具体讨论给予多元选项的“创建”过程。

“平台教育理念”一直强调“成就每一个人属于自己的人生”，

而想要真的成就属于自己的人生首先就要发现和理解真实的自我，但发现、理解真实的自我谈何容易。真实的自我被表面的自己掩藏之深，有的时候是我们自己都很难想象的，大部分情况下，我们自己是很难了解自我需求的，比如我们会很习惯地用“强大”掩饰真实自己的“虚弱”、比如我们会很经常用“自欺”掩盖自己的“缺憾”、比如我们会时不时用“逃避”替代自己的“选择”……总之，在现实的世界中，我们真正面对自我的时候并不多，也是因为有了那么多次的掩饰、那么多次的掩盖、那么多次的替代……促使我们已经习惯了那个并不太真实的自己，甚至很多时候会出现“假作真时真亦假”的现象。当然，如果我们换一个角度，将那些表面的强大、表象的自欺、假装的选择、真实的逃避认为就是真实的自我的话，很可能也是一个不错的选择，在这样虚幻的世界中自以为幸福地生活着自然也是一种人生选择，只不过当夜深人静的时候、当你独自面对自我的时候，你有可能会变得很不自在、有可能会觉得很不舒服，因为“自己都不知道自己怎么样”的那种迷失真实自我的感受和“这真是我想要的吗”那样的自我终极询问，总会给自己带来强烈的不安。面对迷失、不安，很多时候我们会觉得很无力、很无助，我们自己也不知道该如何找回真实的自我。

很多时候，一个人出现困惑的本质原因是无知，换句话说，因为无知而使得自己在面对事情的时候缺乏更多可以选择的选项，脑海中只有“面很窄”“指向很单一”的选项可供选择，这时候我们只能选择它来作为解决问题的办法，这样的无知会把人不断地推向一个自己无法掌控的方向，不断地沿着这个方向行进，我们也就慢慢地迷失了自我……试想，如果在面对任何事情的时候，在我们的脑海中都有"全面"且"经过多角度思考"的大量选项可供选择的话，那么我们就会有能力选择出最佳的方法进行处理，甚至很多时候，我们还可以以这些已知选项为素材，创造出更加适合的新选项进行选择，在这样的过程中，我们有能力掌控一切，我们可以依靠自己的选择完成自己想做的事情，整个过程中我们都不会迷失、我们都有机会做着真实的自己……

"平台教育理念"中"释放—创建—自省"的实施策略就是希望帮助每个人在任何情况下都能努力地做真实的自己。通过"释放"，让每一个人意识到自我的问题，并在此基础上进行"多样且有度"的实施，为寻找、审视、了解、理解自我创造出一个空间，但仅仅有了空间是不够的，想要最终通过"自省"实现让每一个人依据自我的需求自主选择和发展还需要"创建"过程的帮忙。形象地讲，"创建"过程就是向着"释放"出的广阔空间中填装多元选项的过程，经过多元选项的填装，人不但拥有了多方向的人生选项，更增强了产生新选项的学习能力，这个过程保障了每一个人在整个人生中都可以依据自己的需要源源不断地获得可用多元选项，进一步利用这些选项，人最终可以通过"自省"实现成就属于自己人生的目标。

从填装多元选项的功能角度出发，"创建"的问题就变得简单起来了，也就是说，作为教育者（尤其指成年的教育者）只要不断地给学习者（指未成年的学习者）提供充分的机会和多元的选项，就是对学习者最佳的“创建”过程；而对于学习者而言（此时的学习者本人既是学习者也是自己的教育者），只要持续保持学习的好奇与热情，有意识地去自主学习与发展，为自己寻找甚至创新出更多的人生选项，就是可以持续终身的自我“创建”过程。成年后的自主“创建”过程更多依赖于自主的意识与选择，只需依据自己的需求有意识地发展自己的学习能力进而获取和创新更多的多元选项以促进自我发展即可，在这里不再赘述。而针对未成年学习者，由于学习者本身年龄、能力、生活空间等多种因素的限制，他们很难依靠自己的力量拥有多元选项，因此，获取多元选项的“创建”过程需要教育者帮助他们进行全方面、多角度的学习和尝试，通过拓展学习者的视野、提供使其增长见识的资源、创造多层面的学习机会，促使其拥有更多元的选项，助力其增长学习能力，为其后续的发展提供坚实的基础与源源不断的动力。

下面让我们来共同探讨一下教育者帮助学习者进行获取多元选项的“创建”过程中需要注意的一些基本原则。

原则一：仅需利用好手头现成的资源帮助学习者拓展视野、增长见识、创造多层面的学习机会即可，请教育者不要攀比。

从教育角度看，教育资源的提供并没有优与劣、好与差之分，任何层次、任何角度的资源都有其重要的教育价值，从学习者的角度看，其所经历的一切本身就是最为重要的教育过程，这些经历本身就是最为重要的多元选项：生活在农村中所见识和经历的生活是很好的教育和学习资源、生活在城市中所见识和经历的生活也是很好的教育和学习资源；家庭不富裕为学习者创造的教育和学习环境是很重要的人生经历、家境富足为学习者创造的教育与学习环境也是重要的人生经历；暴躁的教育者为学习者创设的教育环境是有价值的、温和的教育者为学习者创设的教育环境也是有价值的……总之，在为孩子们提供多元选项的过程中，请教育者不要苛求自己，不要做那些无谓的比较，更不要一味地盲目与别人"求同"。每一个教育者都要有这样的意识，即我们提供的每一份资源对于学习者来说都是独一无二的，都是其人生中很重要的一笔财富，并且我们更应该相信学习者，他们有能力将这些财富用自己的方式用好，并在用好的基础上通过自己的力量让这些财富变得更丰富、更绚丽多彩、更独一无二。心中有了这样的原则，教育者就可以自信地整合好手头现有的资源，为学习者的发展做一些独一无二的事情了……

原则二：在提供教育资源的时候，不需要始终带有具体的功利目的，请尊重学习者的选择，在尊重的基础上，让学习者有机会见识、尝试更多层面的资源就好。

现实生活中，很多成年的教育者往往以自己的意愿，有目的地对未成年的学习者进行培养，什么时候学习钢琴、什么时候学习跳舞、什么时候学习画画，以及这些学习内容分别要在什么时间学习到什么程度等，一切的一切都认真地为学习者规划好。这样的做法和心情可以理解，并且创设如此之多的资源和机会显然对于学习者来说也是大有好处的，但在这里我必须要说，作为教育者提供更多的资源和机会的目的是给予学习者更多、更好的人生多元选项，这一切都是为了学习者而不是为了教育者自己，因此请在做选择和决定的时候，一定要听取学习者的意见，千万不要武断地做决定，如果因为教育者的武断设计和强迫规划而使得学习者变得抵触甚至迷失自己的话，那么以提供多元选项为目标的“创建”过程有可能会适得其反。当然，听取学习者的意见并不是意味着事事都由学习者做主，由于未成年学习者经验、能力的限制，在“创建”过程中确实有赖于教育者的设计，既要有设计，又要听取学习者的意见而不武断，此中“度”的拿捏和把握确实需要教育者认真地探索与体会。“平台教育理念”建议，教育者提供多元教育资源以帮助学习者进行“创建”的初始阶段，不要带有任何功利目的。教育者需要做的仅仅是让学习者去尝试，而最终需要达成什么目标，这个权利要交给学习者自己，当学习者较为深入地尝试了不同层面、不同类型的内容后，他们会依据自己的感受做出选择的。除了不要带有任何功利目的，还需要提醒教育者，在“创建”的初始阶段提供各种机会和多元教育资源时，也决不能纵容学习者浅尝辄止，甚至有些时候需要强迫学习者较为深入地尝试教育者提供的机会与资源。心理学研究告诉我们，每一个人在刚刚接触到一个新事物的时候，无论是一见钟情的喜欢，还是自我保护性的规避，都会经历一个适应的时期，度过这个适应期后，一见钟情的感觉退去了，自我保护的心态也消失了，人才会真正思考这个新鲜事物是不是自己希望和能够接受的，进而做出自己是否愿意进一步深入学习的决定，这里所谓“强迫学习者较为深入地尝试”，就是指教育者需要帮助学习者通过一定的尝试过程度过适应期，从而使学习者做出自己真正的选择（而非浅尝辄止的武断决定）。自然，由于个体差异，不同的学习者适应期的长短和表现都是不尽相同的，因此，“强迫”的具体“度”的拿捏确实需要教育者用心思考。在“创建”的初始阶段，不带任何功利目的地让学习者较为深入地利用教育者提供的教育资源与机会进行尝试，在此基础上，学习者往往会做出自己的选择（或由于喜欢希望继续深入学习，或由于不喜欢而放弃进一步深入学习），此时，教育者可以在尊重学习者选择的基础上进一步设计目标（或指定深入学习的计划与目标，或提供其他计划与资源以帮助学习者进行更多元的尝试），进一步提供更深入或更多元的资源，以帮助学习者持续发展。例如，教育者有能力为学习者提供学习围棋的机会与资源，初始阶段不要带有太多功利目的，只是让学习者去体会、尝试即可，对于一个刚刚接触围棋的学习者，他（她）可能喜欢，也可能很排斥，但无论喜欢还是排斥，教育者都要让他（她）在围棋的世界中畅游一阵，甚至通过强制的手段让他（她）度过适应期，一旦度过适应期，经过学习者的体会和反思，如果他（她）能够接受和喜欢围棋，那么教育者就可以继续提供更多的资源帮助他（她）发展；但如果他（她）不喜欢，也不接受，那么教育者就需要尊重学习者的想法，寻求其他机会、提供其他资源促使其在别的领域继续尝试与发展。

经历了人生发展基本框架的“创建”与给予多元选项的“创建”过程后，每一个人都可以拥有足够的、保障自我持续发展的学习能力，运用这样的学习能力，人可以让自己变得越来越丰富，面对人生的选择也开始变得更加多元。至此，通过“多样且有度”的“释放”而获得的、属于自己的、有安全边界的、可以不断拓展的空间中，也就有了大量可以选择的、帮助自我不断成长的素材，接下来，我们要利用这些素材去完成自我所希望的自主选择和发展，进而成就属于自己的美好人生。

第八章　自省

这一章，我们来谈一谈“平台教育理念”之“释放—创建—自省”实施策略中的“自省”过程。如下图所示，“自省”是在经历“释放”与“创建”过程后，教育者帮助学习者获得其自己信服的思想意识形态并在此基础上不断地自我发展进而获得属于其自己的幸福的过程，这个过程相当于示意图中“T”字形中的“竖”。

通过“释放”，学习者已经为自己的发展创造出了一定的空间，并在此空间中认识自己，找到自我的需求；经过“创建”，学习者已经获得了较为充足的素材和选择，并发展出了较为充分的自我学习能力，但如果不经过学习者自我的反思和觉醒，他们就不可能实现真实的自我，就不可能利用丰富的素材整合出自我信服的必要规则底线，更不可能完成以自我为基础的、螺旋式上升的平台跃迁，成为拥有属于自己的幸福的、独立的人。从这个意义上来说，“自省”是“平台教育理念”教育实施过程中最为关键的步骤。

简单地讲，“自省”过程是在“释放”和“创建”的基础上，以学习者为主体进行自我反思和觉醒的过程。在“释放”的空间中，通过“创建”的过程，作为学习者的每一个人已经拥有了自己的方向，更有了朝着自己所希望的方向进发的能力，接下来，就是每一个人自主选择和发展的“自省”过程了。通过“自省”，促使学习者有意识地去思考自我、有意识地去审视自我，在思考和审视的过程中，让学习者主动地将自己学习和经历的素材进行整合，进一步发挥自己最大的力量去选择、寻找、发现，并最终内化形成让自己信服的、可以给予自己力量的、能够促进自己持续发展的、属于自己的“知识架构”“生活习惯”“社会规则底线”“基本价值体系”“人生教育框架”以及“思想意识形态”。虽然“自省”过程也提及教育者与学习者之间的配合，但与“释放”和“创建”更多地依赖教育者的设计与帮助不同，“自省”的过程无论在人生的哪个阶段都更多地依赖于自己，这个过程有些类似于佛教禅宗中的“顿悟”。对于未成年学习者（0~20 岁）来说，“自省”的过程还需要成年教育者的适量参与，对于成年学习者（20 岁以后）而言，“自省”的过程就要依靠自己了，通过自我的探索、设计、获取资源，进一步达成自我的反思与觉醒，在这个“自省”过程中，教育者与学习者本质上就是同一个人（即自己）了。

不同的人在不同的人生发展阶段，“自省”的收获是不同的，但“平台教育理念”认为，任何人在任何发展阶段都需要经历“自省”过程，因为它可以让作为学习者的每一个人（从人生的角度看，对于人来说，终其一生一直都是学习者）时刻意识到学习、经历、拓展的重要性，同时更加体会到反思与觉醒为自我发展带来的价值。接下来，让我们从“未成年学习者的自省”和“成年学习者的自省”两个角度分别就“自省”的问题做详细讨论。

一、教育者帮助未成年学习者进行“自省”

对于一个人来说，教育与学习就是生活，是整个人生都不可或缺的组成部分。从此种认识思考开去，我们可以这样理解，“平台教育理念”所倡导的“释放—创建—自省”教育实施过程，从宏观角度看，可以看作是整个一生的写照：整个人生我们就是在不断地为真实的自己拓展空间，不断地为发展的自己增加选项，不断地反思、觉醒去成就那个属于自己的幸福人生；而从微观的角度看，其实任何一个人在任何生命发展阶段都需要持续不断地进行“释放—创建—自省”的生活，这样才能让自己持续地发展与进步，这样才能真正实现整个人生宏观意义上的“释放—创建—自省”。

对于处于未成年阶段（0～20岁）的人而言，“释放—创建—自省”的过程需要自己的努力，但更需要成年教育者的参与、设计与指导，即使是针对“自省”这样更加自主的教育学习活动，也离不开成年教育者的帮忙。由于未成年学习者自身能力和经验的限制，完全依靠其自己很难获得较好的自省成果，因此未成年学习者的“自省”过程还是需要成年教育者关注，并进行适度干预与指导的。那么在帮助未成年学习者“自省”的过程中，成年教育者需要关注什么，所谓的“适度”如何评判，又怎样进行具体的干预与指导呢？“平台教育理念”认为，最有效的教育应该是因人而异的因材施教，因此，在成年教育者干预和指导未成年学习者进行“自省”的过程中应该特别注意要根据学习者的特点，探索适合每一个学习者自己的“自省”方式。为了将这一实施原则具体化，我们首先将未成年学习者大体分为两种类型：活跃型与内敛型，所谓“活跃型”，其主要特点是外向、活泼、好奇心强，比较注重自己对不同事物的体验与感受，在日常生活中“活跃型”的人往往很感性；所谓“内敛型”，其主要特点是内向、沉稳、执着性高，更加关注对同一事物的深入理解与剖析，在日常生活中“内敛型”的人往往更加理性。需要特别说明的是，我们之所以对未成年学习者进行分类，主要是为了在进一步说明教育者指导学习者“自省”的策略时更加方便，这样的分类并不是一种专业的标准分类，因为对于任何一个人来说，都是无法简单地进行如此分类的，心理学研究告诉我们，每个人都是具有多面性的，只不过会在日常生活中更加偏重于某一方面的展现而已。“平台教育理念”希望能够通过“释放—创建—自省”的教育实施让每一个人都能够认识到“多面”的自我，并让每一个“侧面”的自我都得到有效的发展，最终通过选择、组合自己希望的真实自我成就属于自己的美好人生。

下面，我们就分别针对"活跃型"与"内敛型"两种类型未成年学习者的特点，谈一谈在帮助其"自省"的过程中成年教育者可能运用的指导策略，以抛砖引玉，帮助所有成年教育者进一步探索出更多、更有效且针对性强的适合于不同学习者的"自省"方式。

面对"活跃型"的未成年学习者，帮助其"自省"最重要的工作就是适时、适度地帮助他们构建逻辑。当他们信马由缰地驰骋在自己的空间中完成"自省"的时候，教育者要时刻关注学习者的思想动态，如果学习者在这个过程中很愉快、很享受，或者遇到难题时会有积极的愿望通过自身的努力将其解决，这些信号说明学习者可以驾驭自己的空间，可以在这个由自己创设的思维环境中游刃有余地完成"自省"。这种情况下，教育者可以做两件事：一是时常提醒学习者关注其思维的过程（如从哪里起始、要达成的目标点在哪、这个过程中需要经历哪些关键节点等）；二是通过相对轻松的形式（如谈心、聊天等）为学习者提供更多经过教育者思考的、角度多元的资源，与此同时，帮助他们对这些资源进行理性分析和整理，使其能够更有条理地把握并运用这些资源。比如，在学习者通过"自省"对自己认可的社会规则底线进行确定时，"活跃型"的未成年学习者往往善于通过"释放"和"创建"的过程获取大量多元的信息，包括多种多样的习惯、风俗、规定、法律、规则等，面对如此复杂的信息，"活跃型"的未成年学习者由于其感性的特点往往在很多方面表现出困惑、迷茫和摇摆的情绪，此种情况下，就需要敏锐的成年教育者捕捉到学习者的情绪变化，并适度地通过讲故事、谈心等方式帮助他们进行梳理，或提供更多选择的方法和例子，或就学习者本身的资源帮其进行整理，以帮助他们更为顺畅地获取自己认可的社会规则底线。

但如果教育者在关注学习者思想动态变化的时候，发现“活跃型”的学习者在“自省”过程中出现了长时间的压抑、苦闷，甚至不知所措的混乱情况，这说明学习者在自我反思和觉醒时，由于信息量过大已经超出了他们的掌控能力，开始无法驾驭自己了，这是一个很危险的信号，如果这个时候成年教育者不施以援手，未成年学习者就很有可能会在“自省”过程中迷失自我，在慌乱中走向极端，甚至产生影响一生的危害。当成年教育者发现“活跃型”学习者在“自省”的过程中出现异常情况时，要当机立断，去帮助学习者，具体可以做三件事：第一，立即与未成年学习者进行面对面的沟通，打断其“自省”过程。第二，带着未成年学习者进行逻辑梳理，减少他们的信息量，将多元角度分析转化为确定某一方向的思考，让学习者进行有针对性的再次“释放—创建”过程。第三，在完成第二次“释放—创建”后，要进一步带着学习者进行反思，以实例分析等具体方式帮助学习者适当扩大信息量，使他们从确定某一方向的思考逐步转化为二元角度思考再到多元角度思考，通过教育者的参与，给予学习者进行“自省”的具体经验和方法，再逐步过渡到学习者的自我反思和觉醒状态中。值得注意的是，即使学习者再次进入“自省”过程，还是需要教育者时刻关注其动态。仍以学习者确定自己认可的社会规则底线的"自省"为例，不能游刃有余地进行"自省"的"活跃型"未成年学习者，在面对多种多样的信息（如习惯、风俗、规定、法律、规则等）时，大量的信息会使得本就敏感的学习者变得更加不知所措，甚至会变得急躁、苦闷、抓狂进而走向极端。如果在这个时候教育者能够带着学习者进行一次以教育者为主导的"自省"练习，就会使不知所措的学习者有据可依地进行新的自我探索，这样的指导对于学习者来说就如雪中送炭，颇具价值。

与帮助"活跃型"未成年学习者的"自省"不同，当面对"内敛型"的未成年学习者时，帮助其"自省"最重要的工作变为了适时、适度地帮助他们拓展思维。"内敛型"的学习者往往对自己感兴趣的事物会很专一、很投入，但对于自己不感兴趣的事物往往心不在焉、草草了事。根据"内敛型"未成年学习者的这些特点，教育者要通过观察，分清具体时机，予以具有针对性的帮助。当"内敛型"学习者面对自己不太感兴趣但又要求其不得不做好的事情时（这是大部分情况下"内敛型"未成年学习者都需要面对的问题），单纯依靠自身的力量是没有愿望和动力去进行自我反思和觉醒的，在这样的情况下，需要教育者运用技巧和智慧将这些他们不感兴趣的事物与他们感兴趣的事物进行触类旁通式的联系，通过这样的联系，让学习者意识到不同事物之间相互依存、相互补充的特点，促使他们有意识地进行思维拓展，把那些自己并不感兴趣的内容转化为自己感兴趣的事物，或者至少将不感兴趣的事物与自己感兴趣的内容联系在一起，提高自我反思和觉醒的意识与动力，一旦“内敛型”的学习者拥有了“自省”的意识和动力，我们有理由相信，依靠他们的理性特征和强大的行动能力，其自我反思和觉醒的过程会顺利地完成。

在“自省”过程中，当“内敛型”学习者面对自己感兴趣且愿意倾尽全力投入的事情时，未成年学习者往往会因为太过执着而忽视了其他很多与这件事物有关联的知识和内容，他们往往由于太过专注而变得思维固定，严重时还有可能出现“钻牛角尖”的现象。在这样的情况下，同样需要成年教育者的帮忙，面对如此理性、如此专注的学习者，教育者要做的第一件事就是：一定要保护好学习者的这份执着与专注，因为这种状态和能力会对其后续的发展大有助益。在具体做法上，建议教育者采用鼓励的方式对学习者的执着和专注表示真心的赞赏，决不能采取武断打击的态度与学习者进行沟通。在保护好未成年学习者执着性的前提下，教育者还需要进一步运用技巧和智慧努力成为学习者活动的参与者，并在参与中以一种自然的、非刻意的方式为学习者提供更多的思考角度和拓展材料，让他们意识到“兴趣、执着、专注是重要的，但拓展的思维、创新的角度和多元的方法在解决问题时也是必要的”。我们相信，当“内敛型”的学习者专注于自己兴趣的同时，还能够拥有拓展的思维、广阔的视野、多元的方法助力其进行反思和觉醒，这样的“自省”方式会让他们受益终身。

很多时候，无论是“活跃型”的未成年学习者，还是“内敛型”

的未成年学习者，他们在自我反思和觉醒的时候，都会通过不同方式的尝试来帮助自己完成这个过程，在这些时刻，作为教育者的成年人能够为学习者们提供的最大帮助就是为他们创设出一个适宜于他们进行自我选择和探索的安全环境，学习者在这个环境中可以尽情地试错和反省，最终找到自己真正认可的、属于自己的人生标准。基于对于学习者的尊重与信任，“平台教育理念”认为，即使是未成年的学习者，在他们“自省”的时候，教育者也只需要为他们创设一个适宜的安全环境即可（无须做得过多以免对学习者的“自省”造成干扰），在这个环境中学习者会进行自我的尝试和探索，这个自我尝试和探索的过程本质上就是“自省”。需要特别提醒成年教育者的是：学习者“自省”到何种具体程度以及是否完全符合教育者的预期其实都与教育者无关，因为那是学习者自己的事情，教育者一定不要以己度人、越俎代庖。我们相信，通过合理且充分的“释放”与“创建”过程，成年教育者已经为未成年学习者创设出了一个足够广大、足够宽容、足够安全且资源丰富的“自省”环境与基础，在这个有利于学习者进行“自省”的基础环境框架内，给予学习者充分的信任和自由，学习者就会通过不断的尝试进行自我反思和觉醒，最终寻找到属于自己的方向和生活。这个属于学习者自己的幸福生活虽然不会和教育者预期的完全一样，但也不会大相径庭，因为在教育者创设的宽容、理解的“自省”环境中成长起来的学习者，自然会成为拥有自我思想意识形态而不受“奴役”、独立且幸福的人，至于在探索路上的各种试错过程，教育者大可不必为此担心。

我们要相信学习者自我的积极内核，要尊重和信任他们，在教育者帮助学习者“自省”的过程中，教育者只需要在安全的范围内，设定出一个足够广阔和宽容的环境，学习者的做法只要没有超出这个安全环境框架，教育者都可以不去干扰。当然，每一个教育者对于“自省”环境的安全范围设定都可能有自己的标准，这种多样的标准也是“平台教育理念”所欣赏和提倡的。关于安全范围设定的问题，在这里有两点需要提醒教育者：第一，在设定范围的时候，要有一定的标准，不要摇摆不定，因为学习者（尤其是对于未成年学习者而言）需要的是一个相对稳定的“自省”环境，而不是一个摇摆不定的环境；第二，在进行安全范围设定时，教育者要有宽容扩大的意识，也就是说，无论教育者为学习者设定了怎样的标准，都要有意识地在自己的标准基础上适当放宽松一些，以确保学习者在这个环境中可以得到更多的宽容和理解。

二、成年学习者的“自省”

说罢未成年学习者的“自省”过程，下面我们再来谈谈成年学习者的“自省”问题。与未成年学习者的“自省”需要成年教育者的参与不同，对于成年学习者（20 岁以后）来说，其“自省”过程可以表述为：从对自我的探索与设计开始，包括资源的寻找、获得乃至整合，最终达成对自我的认识、反思直至顿悟、觉醒，让自己真正成为眼界开阔、充满勇气、理解价值、勘破生死、事事不惑、持续欣赏、始终自洽的人，能够直面自我、持续发展、自信幸福地成就自己美好人生的人。加了这一系列的定语，说明了“自省”对于成年学习者的价值，当然，能够获得如此多效果的“自省”过程一定是一个充满艰辛和努力的过程，这个过程的最终实现只能依靠学习者自己，因为一切外力充其量只能提供一些资源，而无法替代学习者本身。

不同的学习者其“自省”的方式可以千差万别，因为对于成年人来说，在“释放”和“创建”的基础上，其“自省”过程完全可以不拘一格，充满个性与创新，“平台教育理念”更是鼓励成年学习者拥有自己独特的“自省”方式，发掘自身更大的潜能。正是因为这样的理解，所以在此我们并不想就成年学习者的“自省”方式做更多探讨（成年学习者的“自省”方式请通过自己独特的“自省”过程去探索吧），在下面的文字中，我们想重点谈一谈成年学习者通过“自省”应该达成的基本目标，即那一系列定语（眼界开阔、充满勇气、理解价值、勘破生死、事事不惑、持续欣赏、始终自洽）。“平台教育理念”认为，从人性和人生的角度思考，每一个人的人生发展都会经历一些相似的过程，而那些定语所规定的基本目标恰恰是大多数人在其生命中通过自我反思和觉醒过程都会经历和关注的共同内容，人往往会通过“自省”过程先达成那一系列定语所规定的基本目标，然后再以这些小目标为起点，去成就属于自己的美好人生。我们将讨论重点放到这些基本目标上，就是想提醒所有人（尤其是成年人）在“自省”的过程中应该时刻关注这些基本目标的达成情况及其对于自身阶段性发展的价值。

接下来，让我们把注意力放到“眼界开阔、充满勇气、理解价值、勘破生死、事事不惑、持续欣赏、始终自洽”这一系列基本目标上来吧。为了讨论方便，我们把这些基本目标总结为两个关键词：“自洽”和“宇宙格局”。那一系列定语中的“始终自洽”指向的就是“自洽”这个关键词，这是通过“自省”成年学习者所追求的基本目标之一；那一系列定语中的“眼界开阔、充满勇气、理解价值、勘破生死、事事不惑、持续欣赏”可以最终总结成为“宇宙格局”这个关键词，这也是成年学习者“自省”所追求的核心基本目标。

关于“自洽”

“平台教育理念”一直在思索一个问题，就是“人到底在追求什么”。人生短短数十年，无论物质的追寻还是精神的求索，从目前的研究成果进行思考，最终都会归结于“宇宙规律”（可见四维空间中的量子熵增），如是思想，会很容易将人拖入到极端（或消极或激进）的泥沼中无法自拔。

在明明知道结局的人生中，人的生命、人的生活到底在追求什么呢？经过认真而艰苦的思考后，我们可以给出“自洽”这个答案，是的，人在整个人生中所不断追求的应该是“自洽”——就是一种在任何时候都能够按照自我逻辑进行推演而不悖的舒适状态。说得再简单些，人在整个生命中一直都在追寻“种种解释自己之所以要这样的合理理由”，这也是心理学中所谓“承诺和一致原理”的产生原因。换言之，追求“自洽”是被自然选择积累下来的人类本能，在这样的本能驱使下，人可以在明明知道结局的人生中，创造出各种各样的精彩，人们欣赏自己创造出来的这些精彩，更享受着创造这些精彩的过程和精彩本身。

“自洽”给了每一个人生命的动力和意义，也给了整个人类社会以秩序和希望。面对生命中林林总总的事物和状态，人总要或设计、或操作、或放弃……但无论怎样，人都需要给自己一个能够说服自己的理由，如果这个理由只能说服自己，那么这样的“自洽”就是一种“自我”；如果这个理由能够说服更多的人，那么这样的“自洽”就成了规则；而如果这个理由能够在一定的时空范围内说服所有人，那么这样的“自洽”就成了这个时空范围内的真理。所以说，“自洽”其实不单纯是对人类个体本身的，更是人类社会和人类世界的追求目标。也正是在追求让我们舒服的“自洽”中，人类社会在不断前行，人类世界在永恒无止……

于个人而言，“自洽”的获得并非难事，因为个人总会依据“承诺和一致原理”为自己找到不违逆、不悖驳的理由；但于人类群体而言，“自洽”的获得就变得艰难起来，形形色色的个人组成人类群体，想要统一每个人的“自洽”关注或给予群体中每一个人以一种统一的“自洽”原则，显然并不容易，这应该就是教育、法律、道德、文化等被发明出来的原因吧，通过群体的探索、经历，寻找在一定时空范围内适用的“自洽”原则（这些原则就是法律、道德、文化等的发端），然后再把这些“自洽”原则通过群体学习的形式传达给群体中的每一个人，帮助他们把这些群体“自洽”原则内化为个人“自洽”原则的一部分（这个过程就是教育的来源）。随着人类世界的发展，“自洽”的原则也会不断发展、变更，但总体的目标始终不变，即追求舒适的逻辑，就这样，追求“自洽”也就成为整个人类社会、人类世界的共同努力方向……从这个角度看，人类社会的建立和历史，也就变成了一部寻求“自洽”的发展史。

成年学习者的“自省”过程，本质上就是在追求这种豁然开朗的“自洽”之感，就是在追求这种“始终自洽”的舒适体验……希望通过“自省”，让我们每一个人都能找到属于自我的人生“自洽”，也希望我们的世界能够发展出更好、更舒适的“自洽”，让每一个人都能够“自洽”而愉悦地享受生命……

关于“宇宙格局”

“平台教育理念”中通过“自省”探索“宇宙格局”的过程整合了以下三个方面的具体思考。

现有综合知识结构告诉我们：生命是“机械”的，类似于一部机器，在运行中没有太多神秘的东西存在，即使我们所认为"玄"的东西也很可能就是宇宙中一些简单规律的相对复杂组合而已。这样的理解和思考，可让我们除去心中的惶恐，增强我们思想中的无畏。从宇宙的角度看，作为其中一份子的我们其实并不太特殊，以此为基思索开去，不经意间就会触及价值问题：不太特殊的我们行走于宇宙（世界）之中，价值何如呢？仔细想想，其实不难发现，于我们每一个生命个体而言，其实"行走"本身就已是价值所在，随本心率性而为即是生命的大智慧。这样的认识定能给予我们无穷的力量，当再次直面日常糟心之时，好像已再难寻到难以释怀之处。

真实的科学研究提醒我们：人类确有一些固有属性是共通且具有极限的，比如基因、结构、功能……同时，人类也确实在很多方面是具有无限潜能的，比如适应性变化、思想、创造力……这一切都在提示着作为人类的我们：认清自我的"有限"与"无限"，知道自己的"普通"和"特别"，对于个体人类而言是至关重要的。面对朴实且独一无二的自我，面临一瞬却略显漫长的人生，学会欣赏其实才是永恒的真谛，站在宇宙之巅欣赏自己在世间的折腾，颓唐幻化成为回忆、奋斗演变成为痕迹、欣然激荡成为平静、愁苦泯息成为嫣润……带着欣赏的心境开阖于纷繁之中，生命中的所遇即融成了生命本身。这样的认识定能给予生活着的我们以无穷勇气，当再次直面日常琐碎之时，好像已是满眼欣喜。

新兴的心理学探索启发我们：内心的边际是可以不断拓展的，

至少从现在的研究看，好像并没有尽头，就像在我们每一个人的心中都有一个无边无垠的宇宙。这个值得相信的事实让有时不知所措的我们多了一个可以笃定的念想：庸碌平凡的我们其实可以求诸内心的无限帮助有限的生命变得更有意思。被束缚惯了的我们需要想方设法放开眼界，运用拓展开放的视野精进内心的无限，割断那些我们曾经认为牢不可破的绳索，破冰生命腾跃的阻碍，让宇宙的广博消灭那些蝇营狗苟的短视，让宇宙的真实融化那些瞻前顾后的犹疑，让宇宙的果敢成就那些放开手脚的灵魂……这样的认识会帮助绝不非凡的我们自信满满，当再次直面日常艰辛之时，好像也已经能够以笑对之。

有了以上三点思考与认识，我们会突然发现：价值的求索将不会再成为我们的负累（不用考虑价值，生命本身就是价值）、欣赏的追寻将不会再成为我们的奢欲（不必担心成败，成败均可用来欣赏）、眼界的拓展将不会再成为我们的困难（不要放不开手脚，开阔的眼界定能指引水到渠成），运用宇宙观念锻造出的这三块基石，拼铺出了生命的基础平台，站在这个平台上，自然而然地生发出那无惧无畏的“宇宙格局”。

“宇宙格局”的探索与思考过程本质上就是一次成功的“自省”过程，而每个人通过“自省”对于“宇宙格局”这个基本目标的达成，则会帮助其“眼界开阔、充满勇气、理解价值、勘破生死、事事不惑、持续欣赏”，如此格局定会助力其属于自我的人生持续发展。

“平台教育理念”认为，通过“释放—创建—自省”这样的教育实施，尤其是通过“自省”达成“自洽”和“宇宙格局”这样的基本目标，人就将会获得终其一生都可以持续发展的动力和能力，在这样的基础上，每个人都将可以直面自我、自信幸福地成就自己的美好人生。

第三部分

“平台教育理念”中的学习者

学习，其最重要的价值其实是经历（包括遭遇问题、解决问题，也包括多多交流……），通过经历，增加自己脑中可用于解决问题的选项。生命不息，对于这些选项增多的需求就不会停歇，所以说，学习是人生的一件必备品，这也是持续学习、终身学习的价值所在。学习的本质是经历，生活、生命的本质又何尝不是经历呢？我们还可以转换一下角度说，生活与生命的经历，本质上就是学习，因此，以享受生活、享受生命的状态去享受学习应该成为我们每一个人的小信条。

第九章　学习的价值

“平台教育理念”的“释放—创建—自省”教育实施策略提示我们，生命的运行本质上就是一个持续的学习、适应、改进与觉醒的过程，从这个意义上讲，一个人的一生就是一场持续的学习经历，正可谓“生命不息，学习不止”，自然而然地每一个人在这场经历中也就时刻都扮演着学习者的角色，这就是“平台教育理念”对于学习者的界定。换句话说，“平台教育理念”认为，每一个人终其一生的任何时刻都是学习者，学习如何思考自我、学习如何成就生命、学习如何认识世界、学习如何面对事情、学习如何处理偶然、学习如何理解必经、学习如何继承已有、学习如何创造新颖……学习宇宙中的一切，也向一切学习所有的可能，就这样，人在学习中适应并改进了世界，就这样，人在学习中成为万物之灵。

鉴于对学习者的以上认识，我想有必要就学习的问题做更为细致和深入的探讨，以提示人（以学习者角色呈现的人）在追求自我、成就属于自己美好人生的过程中必须认识到“时刻持续学习”的重要性。

一、论学习

在“平台教育理念”的思考中，学习，一言以蔽之，就是为了给自己不断增加“免于让自己人生束手无策”的选项。人生的整个过程无非就是经历各种各样事情的过程，在这个过程中，遭遇各种问题显然是不可避免的，每一个人的人生其实都是在“面对这些问题，然后想办法一件一件地解决之”中度过的，而在解决问题的过程中，几乎每一个问题（哪怕是最微不足道的）都需要依靠个人的创造与抉择，那么，何谓创造？哪里来的抉择？又如何创造与抉择呢？不管任何时候，面对问题我们都希望从经验中获取帮助，如果经验中已经有现成的选项，那么直接抉择即可解决问题；如果经验中没有现成的选项，我们就会把与问题有关的现有选项进行重组和梳理，从而获取解决问题的灵感，最终在这种灵感的指引下解决问题。我们把这种利用相关选项获取灵感进而解决问题的过程称为创造，当然，在经历这样的创造后，在我们的脑中会自动生成一个新的选项，以备后续遇到相关类似问题时进行抉择或再创造。通过以上分析，我们不难看出，无论是创造还是抉择，在解决问题的过程中，我们都需要选项，选项越多、越丰富，我们解决问题的能力和效率就会越高，而各种选项的获得过程，就是学习。

细细想来，其实学习的过程就是一个个经历事情、面对和解决问题的过程，经历越丰富、涉猎的范围越广、思考得越深入，于个人来说其获得创造和抉择的机会就越多，自然，在这个过程中其脑中能够生成的选项也就越来越多。对于一个有着广泛学习经历的人来说，无论遇到什么事情，其都可以从容不迫地在自己脑中已有的众多选项中寻找、整合、创造出解决问题的办法，这些办法又会成为脑中更多、更有价值的选项，助力本就有着丰富选项的个人进入到一种学习的良性循环中；而相反，对于没有广泛学习经历的人而言，由于脑中缺乏足够丰富的选项，当其遇到问题的时候，只能或"别无选择、束手无策"，或运用单一、蹩脚、可能还不太适合的选项草草应付了事，这个过程不但于事无补，而且也不会在脑中生成有价值的新选项，因此，这个没有广泛学习经历的人会越来越捉襟见肘，难以应付生活中的问题，这样就进入到了一个学习的恶性循环中：选项越少，能够创造和抉择的机会就越少，创造和抉择的越少、越差，能够获得新选项的可能就越小，从而导致脑中的选项持续减少……这也是为什么越善于学习的人能够越来越进步、越不善于学习的人越来越退步的原因。

就像遇到一条大河阻路，却又希望过河的人一样，面对大河挡前的困难，对于一个既会游泳又能造船、驾船，既会修桥又善于沟通求助别人的人来说，这点困难简直就不算什么，其分分钟就可以在众多选项中找到或组合出最合理的解决办法。但面对同样的困难，如果某人脑中只有游泳一个选项的话，那么，他/她就别无选择，只能依靠游泳解决这个问题，相对脑中具有多个选项的人来说，虽然问题都能得到解决，但显然逊色不少。如果说前两个人还都能解决问题，那么，对于一个脑中没有任何选项的人来说，解决这个困难简直难如登天，也许他/她只能停在河边望河兴叹了，这样的束手无策更会造成他/她无法获得过河后的丰富经历和学习机会，使得他/她脑中的选项相比于别人变得更少……

那么，如何能够让自己顺利进入到学习的良性循环中呢？答案是交流！学习，是需要交流的，交流的过程可以帮助我们脑中的选项成倍增加，从而让我们快速进入学习的良性循环。保守、固执、自大、不愿交流的人，则往往由于自身的封闭，失去更多的事件经历机会和学习过程，最终将自己倒逼入学习的恶性循环而无法自拔。

将前面的文字做一个简单总结：学习，其最重要的价值其实是经历（包括遭遇问题、解决问题，也包括多多交流……），通过经历，增加自己脑中可用于解决问题的选项。生命不息，对于这些选项增多的需求就不会停歇，所以说，学习是人生的一件必备品，这也是持续学习、终身学习的价值所在。学习的本质是经历，生活、生命的本质又何尝不是经历呢？我们还可以转换一下角度说，生活与生命的经历，本质上就是学习，因此，以享受生活、享受生命的状态去享受学习应该成为我们每一个人的小信条。

通过学习，每个人都可以在其整个生命过程中获得很多可用选项，那么是否意味着只要拥有众多选项，人就一定能够追求到自我，成就属于自己的美好人生呢？显然，这个答案并不是肯定的。"释放—创建—自省"的"平台教育理念"教育实施策略告诉我们，拥有众多选项是进行"自省"的基础，人需要通过"自省"达成"自洽"和"宇宙格局"这样的基本目标，而后才能进一步向着"属于自己的美好人生"迈进。其实，达成"自洽"和"宇宙格局"这样的基本目标是一个人进一步持续发展的起点，"平台教育理念"认为，接下来，在这个起点上人还需要不断地持续学习，还需要更为深入地"释放—创建—自省"，进而向着自身思想深处的"奴性"与"自私"发起挑战，让自己成为去除了"奴性"与"自私"的人。

二、人应该成为去除了"奴性"与"自私"的人

"平台教育理念"认为，只有当人去除了自身动物性的"奴性"与"自私"之后，才能够真正地成为一个人。换句话说，真正拥有自我的人，应该是没有了"奴性"，去除了"自私"的人，也就是成为一个高尚的人，一个纯粹的人，一个脱离了低级趣味的人。只

有成为这样的人，才有能力进一步追求自我，成就属于自己的美好人生。

首先我们需要界定一下“奴性”与“自私”的所指。

人类动物性本源中所谓的“奴性”与“自私”到底是什么呢？作为动物，在“自私”的基因引导下，为了生存、为了将自己的基因传递下去，天性中人就有“人不为己天诛地灭”的特性。在这个特性的驱使下，人总会选择放弃思想和理性，而变成基因的奴隶、变成物欲的奴隶、变成资源的奴隶，因此说，“奴性”与“自私”是我们每一个人都会具有的、与生俱来的生命特点。为了“生存的自私”人产生了“屈服强权的奴性”、为了“物欲的自私”人拥有了“媚态尽显的奴性”、为了“躲避困难的自私”人生发出了“傲骨全失的奴性”……

从人类动物性的角度看，与生俱来的“奴性”与“自私”确实无可厚非，但作为社会化的人来讲，上面所提到的种种“奴性”与“自私”，不但会让人失去作为人的尊严，还会让人丢掉拥有自我的权利，一个失去了尊严、丢失了自我的人，在人类社会的群体中可以说也就没有生存的价值了，因此，作为社会化的人，我们必须去除“奴性”与“自私”。

人是社会性的动物，其实我们所有人都生活在一个由人类自己编织的童话中，人类社会赖以运行的规则、人与人之间赖以生存的规定、人类群体中赖以维持的合理界限……细细想来，这都是人类自己为了达成目标而总结和演绎出来的“妥协”契约，在这样“主体间”契约的约定下，人类不越界地相互支撑着，这也就是我们所谓“文明”的本质。在这个“妥协的契约”中、在这个“主体间的约定”下，时刻“自私”的个体会处处碰壁，甚至会因为与群体中大部分成员格格不入而遭受摒弃。就这样，只知道一味自私的个体逐渐被淘汰，而那些能够从利他角度进行生活的个体最终得以生存，也就是说，作为社会性的动物，人在群体的生活中发现，只有拥有利他的思想和行动，才能真正地做到利己，“自私”成为让基因传递下去的最大障碍，去除“自私”成为社会化的人实际而真实的需求。在现代社会生活的我们，显然“去除自私”的群体性规则依然非常适用。

其实人在社会中生存，不但要去除“自私”，更要摒弃“奴性”。作为人类社会的一份子，你拥有享受资源的权利，你更有做出贡献的义务。从人类社会运行的角度看，我们的群体中真正需要的是那些拥有独立自我、具备很高才能、能够为群体发展出力的个体，因为，只有这样的个体才能够为群体做出利他性的贡献。人类的历史一次次地告诉我们，我们需要能够为社会做事的强者，而不需要那些好逸恶劳、总是钻营的寄生虫。那些能够为人类社会做出贡献的人，小到普普通通的一般劳动者，大到改变历史进程的领头人，无一例外地都是克服了自身“奴性”弱点的人，都是一个个拥有独立自我、富贵不淫、贫贱不移、威武不屈的个体。毋庸置疑，无论是为了人类社会的前进，还是为了个体的生存，作为社会化的人都应该摒弃动物性中自带的“奴性”，而升华为一个顶天立地的人。

在了解了“奴性”与“自私”的所指和需要去除“奴性”与“自私”的原因后，下面我们来聊一聊去除“奴性”与“自私”的方法。

“平台教育理念”认为，“全面、理性的教育和学习过程”是去除人类“奴性”与“自私”的有效方法。如前所述，我们的文明本质上就是一系列人类自己觉得好用的规则，充分理解这些规则，批判性地对这些规则进行分析、判断，再因时而动、因地制宜地将这些规则进行合理化演绎和拓展，以期让每一个人都能够全面、理性地理解、选择并施行不悖，这个过程本质上就是克服和去除自我动物性中的“奴性”与“自私”的过程。当群体中的每一个人都能够从更全面、更本质、更理性、更利他的角度学习、思考、改进、认同这些规则的时候，每一个人也就能够从心里和行动上真正履行这些规则，从而让整个人类社会都变得纯粹和脱离低级趣味。不夸张地说，每一个人的“奴性”与“自私”去除之时也就是人类社会文明达成纯粹和脱离低级趣味之日。以上所说的美好愿景，显然是建立在每个人都全面、理性地理解人类社会共同规则及规则运行规律的基础之上，它必然需要借助“有传承、有智慧的教育和学习过程”来实现。从这个意义上讲，重视教育与学习的思考、研究、创新和有效，绝对是关乎全人类走向文明的基石。因此我们认为，要想去除人类的“奴性”与“自私”，就需要让每一个个体的人都能够全面、理性地接受这些规则的教育，然后在教育与学习的过程中，认识到“奴性”与“自私”的危害（害人害己），并最终主动地选择、认可并执行这些普遍、适用的规则。“平台教育理念”的思考与实践，正是希望为每一个人提供这样全面而理性的教育和学习机会。

学习，不间断地持续学习，通过学习的经历（或者说经历学习）为自己的人生不断增加、积累选项，然后利用这些选项促使自我拥有“自洽”和“宇宙格局”的舒适状态，在此基础上，进一步去除自我思想深处的“奴性”与“自私”，使自我成为真正的人，成为真正的人的自我，自然而然地会将自己已有的、“成就属于自己的美好人生”的天赋激活，在这样的“天赋”的驱动下，自我会努力地继续前行，在自己搭建的一个个螺旋式上升的平台上不断进步，直至自我人生的永恒…….

说到天赋与努力，让我突然想起了一次我们家里的有趣对话，用下面的文字实录给大家，希望能够对大家有所启示和感悟，在启示与感悟中，思考“成就属于你自己的美好人生”的天赋与努力……

三、关于天赋与努力

背景：

读三年级的豆豆，学习非常努力，上劲心很强，甚至会为错了一个笔画而生气懊恼，为了改一道错题而放弃午饭，追求卓越到了无以复加的地步……可是有一点，豆豆只在乎那些他所在乎的学科，比如语文、数学，但对于其他科目就不那么认真了，比如，豆豆总是懒得背单词，懒得读英文故事。就是在这样的背景下，我们一家三口展开了以下对话。

妈妈：豆豆，英语也是很重要的，你不是还想去多伦多大学学习吗？（在小学二年级的时候，有一次学校活动，豆豆高高兴兴地拿了一个书签回来，说选中了哪个书签以后就会去哪个大学学习，豆豆当时选中的是带有多伦多大学的书签。）

豆豆：妈妈，我英语学习确实不努力，但我很会考试的，你不用担心。

爸爸：儿子，你知道吗？学英语可不是为了考试，考试不重要，你学会了一门其他语言，以后你就能做更多的事情，更多有意思的事。你还记得曾经有一次爸爸去美国住在一个美国家庭里吧，那个家庭的两个儿子都在努力地学习中文，你要知道，他们学英文相当于我们学语文，他们学中文就相当于你学英语。我问他们为什么那么努力地学中文，他们告诉我说长大以后打算和中国做生意，所以需要学习中文。你看，学语言并不是为了考试，而是有很多用处呢！

豆豆（一脸不屑）：我觉得不重要，只有语文、数学才重要，其他的都不重要。

妈妈：豆豆，你们校长在家长会上说了，体育是你们的第一学科，身体好最重要哟。你对体育就很不重视，这样很不好。

豆豆：只要语文、数学好就行，体育不好没关系，语文、数学好才能上大学，体育好能上大学吗？

爸爸（内心甚是崩溃）：儿子，你知道吗？体育不好连考试的机会都没有哟。身体不好，以后更做不了什么。从爸爸的经验讲，体育不好肯定上不了大学，但体育好，即使语文、数学不好都有机会上大学。

豆豆（满脸疑惑）：我不信，语文、数学好最重要，语文、数学好就是学习好！

爸爸：如果按你说的只有语文、数学好，那我觉得你学习并不好，而是很差！（豆豆听到我说他学习差，眼圈一下子红了起来）你想想呀，你们现在学习的科目有语文、数学、英语、科学、体育、音乐、美术七个科目吧，你只有语文和数学好，那么2∶5，不是很差吗？

豆豆（急忙辩白）：不是呀，我音乐很好呀，真的，进步可大了。还有我的科学也是很好的啊。还有我的美术也是很有创意、很有进步的！

（爸爸和妈妈互相看了一眼，没有想到豆豆会说出这样有一定见解的话，觉得孩子还是有了不小的进步。）

豆豆（接着说）：我觉得我对体育和英语是没有天分的，反正没有天分也没有办法呀！

爸爸：儿子你知道吗？就学习来说，其实人需要三种天赋：第一种叫作语言天赋，语文、英语的学习是需要这种天赋的，你看你语文很不错，说明你是具有语言天赋的；第二种叫作理性天赋，比如数学、科学的学习就需要这种天赋，你看你数学和科学都还不错，说明你也是具有理性天赋的；第三种叫作灵感天赋，比如体育、音乐、美术的学习就都属于这种天赋，你自己说你音乐、美术都有很大进步，说明你也是具有灵感天赋的。其实每一个人都是具有这些天赋的，虽然不同的人确实有高低的分别，但这根本就不重要，因为所有这些天赋都是可以通过努力来补充的。如果你的天赋高，你学习一次就会了，我的天赋低，我学习一次学不会，但我可以通过努力学习两次、三次、十次、百次，只要想学会总会明白的，所以不用担心自己的天赋，更需要的是不怕困难的努力。再说了，爸爸觉得自己的灵感天赋还是不错的，妈妈的语言天赋和理性天赋是很好的，所以，那三种学习的天赋你都应该没问题，不用担心，你只需要认真地去努力就好了。

豆豆听得挺认真，像是在思考着什么。这时妈妈突然对豆豆说：儿子，你跟妈妈说一个绕口令吧：牛年，榴莲，流年。

豆豆很高兴，马上含混不清地学了起来，全家人都捧腹大笑。

妈妈又让爸爸说，爸爸努力学舌了下来，然后妈妈告诉豆豆：儿子，你和爸爸练习练习，看能不能把这个绕口令说好，我先去刷碗。

我们爷俩反复说了好几次后，豆豆终于说明白了。他兴高采烈地跑到厨房，不停地给妈妈念叨着：牛年，榴莲，流年。

妈妈竖起大拇指，告诉豆豆：儿子你看，只要努力认真地去做，什么事都是可以学会的，对不对？

豆豆（骄傲地）：嗯！

就这样，一家人在欢愉的氛围中结束了本次对话。

第十章　终身学习

本章是“平台教育理念”的最后一章，我们将之命名为“终身学习”，这是“平台教育理念”对作为学习者的所有人的希冀，更期盼在现实中成为每一个人的人生追求。

在宏观群体层次，人性的建立、人生的运行，本质上都是依靠教育与学习来完成的；从微观个体角度，终其一生的“成就自我”和“永恒追求”也都是依靠教育与学习来实现的。人在持续一生的学习过程中，不断地获取并积累可用的人生选项进而让自我获得“多”“广”“全”的全面发展，不停地追求“自洽”和“宇宙格局”的自我舒适状态进而让自己拥有海纳百川的强大内心，不时地思考去除自我思想深处的“奴性”与“自私”进而发掘出自我已有的天赋与努力，不懈地为自我搭建一个个螺旋式上升的平台并通过这一个个平台的发展让自己获得融会贯通和自我反思与创造的能力，不竭地探索让自己信服的、可以给予自己力量的、属于自己且有益于人类进步的思想意识形态进而最终成就自我的美好人生与生命永恒……这一切的一切就是"平台教育理念"的核心价值，这一切的一切都是源自真正的终身学习。

在前面的章节中，我们已经讨论了有关"多""广""全"、有关全面发展、有关选项、有关"自洽"和"宇宙格局"、有关"奴性"与"自私"、有关天赋与努力、有关"一个个螺旋式上升的平台"、有关思想意识形态等多方面的内容以及它们之间的逻辑关系，在本章中，我们想就"平台教育理念"的最终目标——美好人生与生命永恒——做一番探讨，谈一谈通过终身学习我们所追求的美好人生与生命永恒到底指哪些内容。

很显然，每个人对于自己的美好人生与生命永恒都会有不同的理解（"平台教育理念"也希望不同的人拥有自我界定的、属于自己的美好人生与生命永恒），因此，我们并不想为美好人生与生命永恒制定具体的标准，我们只是想把每个人通过终身学习在追求自我美好人生与生命永恒时所需要注意的和可能面临的问题做一探讨，以期帮助人更有效地去追求属于自我的美好人生与生命永恒。

"平台教育理念"认为，在追求属于自我的美好人生与生命永恒的终身学习过程中，有以下四个方面的问题需要特别关注。

第一，资源。终身学习的目标就是持续且有效地获取资源的过程，因为只有拥有充分的资源，才能确保自己有能力去追求属于自我的美好人生与生命永恒。我们将通过终身学习去获取必要的资源。

第二，交流。人是社会性的动物，通过终身学习去追求属于自我的美好人生与生命永恒，毫无疑问需要不断地与其他人进行交流。

心理学研究告诉我们，通过交流为自己构建合理有效且能够持续延展的“人际网络结构”，不但对于自己的身心发展大有裨益，更会让自己在追求属于自我的美好人生与生命永恒过程中事半功倍。

第三，与时俱进。这是对于终身学习的要求，更是追求属于自我的美好人生与生命永恒的基础。

第四，平凡。在整个生命过程中，人都在努力追求着自己的不凡，但如果能够将自己的视野延展、扩大，我们会发现，从更大意义上讲，每一个人都是平凡的。能够认识到自我的平凡，并且能够在平凡的认知基础上通过终身学习努力地回归平凡并创造平凡，那么距离属于自我的美好人生与生命永恒就不太遥远了。

为了方便讨论，我们分别将以上四个方面的内容命名为资源主义、网结理论、与时俱进和平凡。下面，我们就分别对这四个方面做更详细的讨论。

一、资源主义

在“平台教育理念”中，资源这一既可作为生命个体生存与延续的前提和归宿，又可作为整个人类社会发展的基础与目标的名词，是放在首要位置被重视的。小到一个细胞的生命运行，大到整个人类社会组织的发展运作，无不受限于资源，无不依赖于资源，它们都在努力地运用手头现有的资源发展着自己，而反过来讲，其发展的本质就是在玩命地寻找和拓展手边可用的资源而已。这种对既作为前提又作为归宿的资源的理解，我们给它定义为"资源主义"。对"资源主义"的深入探讨，有利于我们认识终身学习的价值，更有利于我们在追求属于自我的美好人生与生命永恒过程中的实操。

包括人类在内的所有生命，终其一生、倾其所有，其实都只是在做着"发现资源—利用资源—拓展资源—再发现—再利用—再拓展"这样的循环，这个循环做得越积极、越有创造性，其发展就会越有活力、越有可持续性；但反过来，这个循环做得消极、懈怠，其发展就会出现停滞，甚至落得个迅速消亡的下场。这个规律对生命的个体如是，对生命的整个群体亦然。

人类社会作为一种比较复杂且高级的生命群体，其发展也是逃不过"资源主义"这一循环魔咒的。人类历史发展历程告诉我们，在资源匮乏的地区（如地理环境恶劣、土地贫瘠、矿产缺乏等），初始阶段，人类往往受限于资源而发展得不尽如人意，但也正是因为资源匮乏，积极的人们会想方设法地去努力获取资源，在"获取更好、更多资源"的驱动下，人类社会产生了矛盾、产生了征服、产生了战争……当然也产生了进步。很多时候，所谓的资源匮乏并不一定是客观资源真的匮乏，而往往是人自己觉得资源匮乏，有忧患意识。但无论是哪一种匮乏（客源资源匮乏或自认为资源匮乏），历史上经常是"自认为资源丰富的消极群体"被"自认为资源匮乏的积极群体"所征服。就这样，我们看到的人类历史就像一个大车轮一样，不断地呈现出一种循环往复、正反合式的辩证运动，深究其原因，其实无非是人类对于“资源主义”循环的积极反应而已。从历史的角度思考，我们不难发现，对于人类发展来说，其实最大的限制性资源并不是自然的矿产，也不是地理空间，而是人本身，是人对资源的态度，是人对资源的“自认为”的评价。换句话说，造成“资源主义”循环的根本原因在于人，在于人对于资源的理性认识。我把这种将人本身看作是资源最大限制因素的思考称为“人本资源主义”，即人才是“资源主义”中最大、最关键的资源。

人类社会发展到今天，人类在经历了无数次与环境的斗争后，不断突破自己的极限，运用自己的聪明才智，创新性地突破了大量客观性的资源障碍（如粮食、能源等资源，人类都在不断运用自己的创新，突破有限性的障碍）。因此，我们可以做出这样的推论，在未来的人类发展中，客观性的资源限制将不会成为主要的限制性因素（客观性的资源限制只能成为规定人类发展的最上限指标，而成为不了影响人类发展的限制性因素），因为人类完全有可能运用自身的创新能力，突破一个个客观资源限制。也就是说，“人本资源主义”将会成为影响未来人类发展的主要思考方向。

对于“人本资源主义”来说，人这种资源的最大障碍来自创新。能够创新的人，才是人类社会的最大财富，正所谓“当今社会，没有做不到，只有想不到”。这里所说的“想不到”其实指的就是人的创新能力。人类整体的创新能量，依赖于每一个人类个体的创新能力，而每一个个体人的创新能力取决于每一个人的见识。如果一个人没有足够的知识和常识，没有广博的视野，他/她就很难拥有对各种事物足够积极的热情，很难拥有丰富的选择和整合机会，很难拥有真正属于自我的思想和独立，当然也就很难有持续的创新能力。而每一个人见识的获得也不是无源之水无本之木，每一个人的知识、常识、视野都是发端于其所接受的教育，这里所说的教育既包含了传统意义上的知识学习和技能培训，也包含了学习者“自我能力的有意识拓展”“自我主动性的终身学习和更新”及“自我积极心态的有意识保持”等，同时特别强调人与人之间的沟通与交流，因为，从“人本资源主义”的角度讲，人作为资源中最为重要的一环，人与人之间的沟通与交流过程，既是教育的过程，本质上也是让每一个人建立和拓展自我资源，增长自我见识的过程。这个教育过程会通过“正反馈”的方式，不断增长人的见识，不断发展人的创新能力，从而使得人这种资源可以持续性地发展和提高，而每一个人的提高必然会带动整个人类社会的前进。

综上所述，无论是对于个人的进步，还是国家的发展，抑或是整个人类社会的前进，真正能够起决定性作用的正是“资源主义”中的人，我相信，对于人这种资源的“人本资源主义”的深入研究与思考，在未来会变得越来越有价值。

二、网结理论

“资源主义”告诉我们，对于每个人的自我发展来说，人才是最为核心的资源，人与人之间的交流才是自我发展的根本基础。换句话说，自我的探索与实现、自我美好人生与生命永恒的完成，无法依靠单纯的自我“内求”过程（单纯依靠自己，忽略外在环境）来实现，更需要自我从自己的小圈子中跳脱出来，将自己摆放到环境中，思考每一个个体人在社会中的作用和地位，认识到自我与社会群体的关系。我们可以把这个寻求人与人交流的探索称为“外觅”，“平台教育理念”对于“外觅”的思考促成了以下“网结理论”的形成。

“网结理论”具体包含以下四个方面的思考：

其一，整个人类社会就像一张大网，每一个个体的人都是这个网中的一个个网结。

其二，每一个人都像网中的网结一样，不可能独立地存在，只能依存于每一个网结与其他网结之间的连接，从一个网结中连接出去的线索越多，这个网结也就越稳固，同时，这个网结对于整张网来说也就越重要越关键。即，人在社会上存在，能够以自己为结点与外界的联系越丰富，就意味着他（她）拥有的资源越多，这一点对于其自身的发展显然是很有价值的；进一步地，由于他（她）这个结点能够整合更多的资源，因此，其也对整张网络的稳定做出了极大的贡献，这种不知不觉的利他性作用，更使其自身的价值得到突显。

其三，如何能够让自己成为一个拥有更多连接能力的网结呢？从人类社会文明发展历史的经验看，能够通过内省寻找自我，并以利他性的天理与人性作为"自我笃信"且"笃行不悖"的人，往往可以成为一个坚强的结点。相反，如果过于自私，过于将物欲抬升到一切之上的人，即使其拥有机会建立了大量的连接，最终也往往会成为容易断裂的"坏点"，不但让自己自食其果，还会给整个网络带来极大的危害。根据我个人的经验，这个让自己成为坚强结点的努力过程即为前面所谓的"内求"过程，每个人的"内求"过程可能都是不一样的，结果也可能不尽相同，但我的亲身体会告诉我：全面、多维度的学习和内省过程，是让我们自己螺旋式上升、成为坚强结点的捷径。

其四，让自己成为"坚强的结点"，并不意味着就可以成为为社会做出贡献、拥有多个连接的网结。想让自己真正成为一个具有价值的网结，还需要人在"内求"之后再努力进行"外觅"：去真正理解社会这张大网上那些具有不同特点的网结；去真正包容那些与你并不相同的网结；去真正体会每一个网结对于这张大网的价值；去努力寻找机会让自己与不同类型的网结建立联系，支持自己，支撑别人，一起撑起那个坚固的大网……思来想去，这个构建连接的"外觅"过程好像又得求诸于"平台教育理念"了，让自己螺旋式上升的同时，也能让整张大网螺旋式上升。

三、与时俱进

“平台教育理念”认为，资源及资源的整合与利用无疑是重要的，而自我与时俱进的更新其实更为关键，如果说这二者有什么关系的话，我们认为资源整合与利用的最大目标应该是让人能够与时俱进地更新吧。像进化理论中的“红皇后假说”一样，当今世界的人类绝对是处于一个“苟日新，日日新，又日新”的洪流中，逆水行舟，不进则退，如果不能跟上时代的步伐，可能过不了几日，曾经感觉还很先进的自我就会变得陈旧不堪。

那么，到底什么是与时俱进？对于我们个人来说又如何与时俱进呢？下面我就从人类和个体两个角度聊聊我对与时俱进的理解。

1. 人类的与时俱进。

以人类的与时俱进来说，当今（以及未来）的人类显然应该将自己的格局变得更大、更有气魄些，应该把关注点从原来那些蝇营狗苟的“外物追求”向“内在的自我发展”做一做迁移。

历史上的人类，不断地与“身外之物”进行斗争，饥荒（与果腹之物斗争）、瘟疫（与病原之疾斗争）、战争（与竞争之敌斗争）……千万年的对抗史不但为人类积累了丰富的技术基础，更为人类积攒下了无尽的思想素材，正是这些技术与思想，让人类变得越来越前瞻与自信。历史发展到今天，人类已经慢慢变得不再与“身外之物”较劲，那些历史上曾经困扰我们的难题现在在我们眼中已经不再是太大的事情。今天的世界，人类正在开始将自己的目光转移到“自我内中”的视角上，正因如此，才使得今天的人类处在了历史上最为日新月异的时期，人类不再满足于昨天的成就，也不再拘泥于今天的想法，而是在不断向往着明天的“新思”。我们发现，当人类将关注点从外物移到自我时，人类好像真的有些向“神”（其实神在我看来就是人所想象出来的最高“自我”）迈进的意思了。从以上的角度看，人真是一种奇怪的动物，他/她竟然能够以自我为思考对象进行剖析与探索，我想，这种能够自我思考的能力，应该才是人与动物的真正区别，也是人之所以能够接近“神”的原因吧。

想想未来的我们，也许物理年龄将不再成为我们的障碍（只要我们想长生不死，从技术上讲这将不再成为问题），如此这般的话，我们现行的神学、哲学体系也将会出现翻天覆地的革新，也许到那时我们对于“幸福”“快乐”等的界定也会发生根本性的变化，也许那时我们追求的东西会变得更加高尚、更加纯粹、更加脱离低级趣味……真是这样的话，那我们人类可能就真的会化而为神了。

2. 个体的与时俱进。

人类的与时俱进是由每一个个体的与时俱进积累而成的。对于个体而言，想要真的做到与时俱进，只要每天都真正地扪心自问一下就好了：今天你去“做”自己的“新”想法了吗？这个问题中有两个至关重要的字：“新”与“做”。所谓“新”，蕴含了“积极”“问题”“反思”“学习”与“创新”等关键词，只有积极的人才能好奇地发现新的问题，只有积极的人才能够面对新问题反思自我，只有积极的人才能够在发现问题与反思后进行有效的拓展式学习，而积极的人经过学习拓展了视野以后又会发现新的问题，进行新的反思，完成新的学习……如此良性循环，自然而然就会与时俱进地创新发展了，但此种创新发展、此种与时俱进是一种思想上的，要想真的发挥出与时俱进的效果，只有思想上的力度还不够，这就需要联系到“做”这个关键词。所谓“做”，指的是一种积极的、身体力行的探索，需要认真、努力、有情怀、有创意。

面对全新的每一天（对于任何人而言，每一天其实都是“新”的，都是其不曾经历的），如果我们都能够倾心倾力地寻找到对于自我而言的“新”想法，并时不我待地积极去按照自己的新想法“做”一“做”，那么我想，我们个人就一定不会被时代的洪流所抛弃，就一定能够在与时俱进中找到“神”之自我。

四、平凡

对于任何人来说，自我内心中都会觉得自己是“与众不同”的（瑞士心理学家皮亚杰将这一人类普遍具有的心理现象称为“自我中心主义”），都在努力地去追寻着那个“神”之自我，这种“不凡”的思考是人类获得持续自信的源泉，但同时也是让人类盲目自大的祸根，因此，就每个人的人生发展而言，我们希望能够通过持续不断的终身学习，让人认识到自我的平凡与不凡，使属于自我的美好人生既充满信心又不会盲目自大，就是在这样认识平凡、脱离平凡、回归平凡和创造平凡的过程中，让自我得以实现，让自我的生命走向永恒……从这个意义上讲，能够对自我的平凡进行理性的分析和思考，是人持续发展的重要阶梯，更是“平台教育理念”所提倡的终身学习的价值体现。

认识平凡

平凡这个词完全属于自我界定的范畴，从不同的角度、不同的境遇去理解平凡，即使对于同一个人来说界定也会有所不同。

从生命的角度看：所有人对于这个世界来说都是匆匆过客，作为过客的我们，每一个人都是平凡的，这种平凡对于生命本身来说是一种权利与幸运。但仔细思考，作为生命的我们又是何其的伟大，在几亿精子中脱颖而出、在万千危机中正常发育、在严酷选择下顺利生长……每一次披荆斩棘的抗争，都诉说着作为生命的我们是有多么的不凡。

从历史的角度想：每一个人在历史中都是一颗小小的沙粒，我们很难依靠自己的力量左右历史的滚滚洪流，从这个角度讲，每个人当然都是平凡的，这种平凡对于历史而言就是一种必不可缺的元素而已。可是话又说回来，作为元素的必不可缺性，使得我们每一个人对于历史来说又都是不平凡的，也正是这种不平凡给予了我们每一个人机会与力量。

从个人一生的角度思考：每一个人都是生老病死的忠实执行者，作为一个小小的执行者，这种平凡简直无以复加。可是，想想我们一生中能够完成的事情吧，那一个个让我们自己或怦然心动、或抓耳挠腮、或不知所措、或愁苦万端的事情，一桩桩、一件件都印刻着我们不凡的轨迹。

从“人生为一大事来”的角度说：统而言之，确实完成了“大事”的我们就可以称自己为不平凡，而没有完成“大事”的我们自然也就会把自己定义为平凡，可是，那“大事”又是什么呢？每个人的“大事”显然不能用统一的标准界定，对于不同的人来说，此“大事”显然非彼“大事”，所以从什么角度看这个问题就只能凭自己的内心了。对于你来说，如果你觉得完成了自己期望的“大事”，那么你就是不平凡的；如果你觉得并未完成自己期望的“大事”，那么当然就是平凡的。

从“人与人进行比较”的角度讲：这个角度是关于平凡与不平凡最为常用的界定标准，通过比较，说谁谁谁“伟大”、谁谁谁“小有成就”、谁谁谁“平凡无奇”……真是“舌头根儿下出奇迹”啊。如果一个人真的只能从别人的评价中才能获得不平凡的称号，那么我想这本身就是一件再平凡不过的事情了。

从“春风得意的境遇”情形分析：作为高等动物的我们，那种自我认定的感觉与习惯正是我们“高等”之所在，因此，在春风得意之时，无论什么事情发生在我们自己身上，我们都可能把它认定为不凡：天上掉下来的陨石是不凡的、河床里挖出的物件是不凡的、就连走路摔了一跤我们都有可能认为这是一种不凡的表现……殊不知，人人皆此的不凡反映的正是比比皆是的平凡。

从"失意没落的状况"情境推导：我们在失意没落之时，自怨自艾是人之常情，迁怒于周遭事物也是情理之中，此时的我们往往会给自己贴上一个平凡的标签，以平凡自嘲。可是细细想来，古往今来多少公认的不平凡壮举正是在这样的平凡中酝酿而生的：孟德尔经历了 8 年"平凡"的豌豆实验发端了现代遗传学、左思在经历了备受嘲弄的失意后成就了文坛名篇《三都赋》、屡遭退稿的凡尔纳也正是在没落至极的状况下发愤写出了那些脍炙人口的科幻故事……正所谓"祸兮福之所倚，福兮祸之所伏"，此语用来形容平凡与不平凡的关系简直恰如其分。

……

从列举的这一系列角度中，我们不难发现所谓的平凡与不平凡其实就是人类自己为自己编织出的一个让自己"时而笃信、时而疑惑、时而效仿、时而摒弃"的故事，历史中平凡与不凡的标准频频更迭，现实中不凡与平凡的思考时移势迁，最终所有的平凡与不凡也都演变成为每一个人的个体体验与选择。

如果沿着以上的文字逻辑顺理下来，关于平凡与不平凡我们可以得到这样的结论：每一个人都是一个平凡与不平凡的集合体，认真思己所想、努力做己想做就是自己最大的不平凡；坦然面对生命、静心体味生活又是自己最大的平凡，在这样平凡与不平凡的集合中，踏踏实实地让时间缓缓流淌，这应该就是每一个人的人生至幸吧……

脱离平凡—回归平凡—创造平凡

对于个体生命来说，无论是否对平凡有深刻的认识，每一个人都会经历一个“脱离平凡”的成长过程（这是“自我中心主义”作祟的结果）。但随着个体生命的生长，慢慢地，始终摒弃平凡、希冀摆脱平凡的人开始思考起平凡与不凡的关系和平凡的价值等问题来，这个过程就是前文所述的“认识平凡”的过程。通过对不同角度、不同境遇下的平凡的思考，个体认识到平凡问题其实完全属于自我界定的范畴，这样的思考，让每一个曾经以脱离平凡为目标的人开始转向，开始向着自己心目中的平凡回归。“回归平凡”的思考，预示着一种自我的成长与成熟，这种因“回归平凡”而带来的成长与成熟会比“脱离平凡”给人带来更多的力量，这种力量推动着自我走向人生的不惑，甚至纠缠着很多人的死亡困扰，都可以通过“回归平凡”的思考而平复。

虽然“回归平凡”的思考可以帮助人成功破除人生的困惑，给自我带来不惑的力量，但随着生活中林林总总的“日常”慢慢积累，适应了平凡的自我有可能会越来越将自己的视野只局限在蝇营狗苟的眼前而失掉宏阔壮伟的格局，进而丢失勇往直前的勇气，就这样，无惑的自我逐渐变得外强中干，没有勇气的无惑成为残次品，没有勇气的力量也变成了无根之水横冲乱撞，久而久之，“回归平凡”的力量演变成为自我人生的“怠惰、狭促和疲累”，“回归平凡”的不惑也逐渐转化成为“力量犹在，幸福荡然”的困扰。

比“回归平凡”更为高级的，既能给予自我不惑力量又能让自我充满非凡勇气的升华过程，我们将之称为“创造平凡”。所谓“创造平凡”，是一种自我从“宇宙格局”角度反观生命的思考，它并不摒弃平凡，而是更为平和地接受平凡，但又并不苟同于简单的平凡，它更愿意用最大的热情去创造属于自我的独特平凡，它不突不躁，却能芬芳永驻。“创造平凡”的思考，可以让自我对于价值、意义的问题豁然开朗，让自我拥有了一种对万物均能欣赏的心境，让自我的眼界和格局能够无限地扩大开来。经过了“创造平凡”思考过程的自我，终其一生都会拥有学习的欲望和动力，通过持续的学习与发展，自我在整个生命过程中都会充满自信、勇气和力量，以一种通透、达观、平和、无畏的状态迎接生命中的各种挑战与机遇，遇事不争不避，不迁不就，最终成就属于自己的美好人生。

在本章（也是本书）的最后，祝愿所有人：在整个的人生中都能够持续地进行自我教育与学习，在终身学习的过程中，不断地获取并积累可用的人生选项进而让自我获得“多”“广”“全”的全面发展，不停地追求“自洽”和“宇宙格局”的自我舒适状态进而让自己拥有海纳百川的强大内心，不时地思考去除自我思想深处的“奴性”与“自私”进而发掘出自我已有的天赋与努力，不懈地为自我搭建“一个个螺旋式上升的平台”并通过这一个个平台的发展让自己获得融会贯通和自我反思与创造的能力，不竭地探索让自己信服的、可以给予自己力量的、属于自己且有益于人类进步的思想意识形态进而最终成就自我的美好人生与生命永恒……

后记

教育作为一门“道”（理念）与“术”（手段）并重的学问，其包罗万象，其随机应变，其与时俱进，其历久弥新，其高深莫测，其雅俗共亲……凡此种种简直无以复加，非有一颗痴、灵、博、恒之心无法驾驭之也。谓之“痴”，唯认真努力钻研可得也；谓之“灵”，唯机智变通应对能行也；谓之“博”，唯勤学广涉深思能承也；谓之“恒”，唯经年厚积不懈可持也。

到 2019 年，“平台教育理念”构想已逾十年之思考与实践探索，可堪“痴”“恒”；至写此后记时，有关“平台教育理念”的所思所想已著过万言，已历过百琢，可算“博”“灵”。

即便集齐了“痴、灵、博、恒”，即便本书付梓刊行，对于教育而言，对于“平台教育理念”来说，这也仅仅是一次新的开始。站在这样一个崭新的起点上，面对着未来的自己，面对着未来的教育，扑面而来一阵未知的馨香，这股芬芳的气息让我信心满满且欣喜兴奋的同时，也感到了沉甸甸的分量，所以，没什么好多说的了，继续认真努力地思考，继续认真努力地行动，在思考和行动中成就更美好的自我，成就自我更美好的人生，也用这样的美好帮助更多的人成就他们的自我，成就他们的美好人生……

作为一个继续前行的小节点，请允许我在这里送上我真诚的感谢。十年来，需要感谢的实在是太多了，但由于篇幅的限制，在这里只能挂一漏万，恳请帮助过我的朋友们谅解。

感谢我所有的学生们，是你们让我在教育的探索中有的放矢；感谢我所有的师长们，是你们让我有能力、有信心在教育的道路中摸索前行；感谢我所有的朋友们，是你们给了我动力让我每一天都劲头十足。感谢北师大实验中学，书中所述思想的形成和具体实践过程，都是在这所具有深厚底蕴和现代精神的可爱学校中孕育、发展的。感谢我的朋友张志军，正是由于你的大力支持，才使得这部书顺利出版发行。

最后，请允许我将感谢送给我的家人们：感谢我的父亲、母亲，细细想来，从小到大，正是你们用心灵给予了我真正的“平台教育”。感谢我的爱人董晖，如果说我是“平台教育理念”思想的总结者，那么她对于我来说就是“平台教育理念”思想的启发者。感谢我的小儿子豆豆，正是由于你天使般的降生，才开启了我追求教育理想的天窗……

由于能力所限，书中难免存在错漏，欢迎朋友们批评指正，并希望与更多的朋友进行交流，请大家不吝赐教。